荷球运动教程

主　编　黄津虹
副主编　张立科
参　编　秦文宏　秦俭　姚磊　马丁

西安电子科技大学出版社

内容简介

荷球运动正在高校体育课中得到大力推广。本书是由中国大学生体育协会荷球分会编写小组在总结众多开展荷球教学院校的实践经验的基础上编写的。

本书共 10 章，主要内容包括荷球运动的起源及发展简史，中国高校荷球运动发展简史，荷球运动的基本技术，荷球技术教学方法，荷球运动的战术，青少年荷球运动，荷球运动科学研究，荷球游戏，荷球裁判工作和荷球比赛的组织与编排等内容。

本书可作为全国普通大中专院校荷球教学工作者、学生及荷球运动爱好者的学习用书。

图书在版编目(CIP)数据

荷球运动教程/ 黄津虹主编. --西安：西安电子科技大学出版社，2023.11
ISBN 978-7-5606-7057-7

Ⅰ.①荷… Ⅱ.①黄… Ⅲ.①球类运动—教材 Ⅳ.①G849.9

中国国家版本馆CIP数据核字(2023)第 186025号

策　　划　薛英英　杨航斌
责任编辑　雷鸿俊
出版发行　西安电子科技大学出版社(西安市太白南路 2 号)
电　　话　(029)88202421　88201467　　邮　　编　710071
网　　址　www.xduph.com　　电子邮箱　xdupfxb001@163.com
经　　销　新华书店
印刷单位　陕西精工印务有限公司
版　　次　2023 年 11月第 1 版　　2023 年 11 月第 1 次印刷
开　　本　787 毫米 × 1092 毫米　1/16　印　张　10.5
字　　数　234千字
印　　数　1～1000 册
定　　价　35.00 元
ISBN 978-7-5606-7057-7 / G

XDUP 7359001-1

西方谚语说“学习的最佳方法就是教学”(The best way to learn is to teach)。然而，良好的教学必须凭借知识与理论，而不是个人经验或偏好。本书极具知识性与实用性，可作为高质量荷球教学的重要参考工具。

本人自2004年随国际荷球联合会代表团访问北京，正式将荷球传入中国后，一路见证了荷球的飞速成长。目前，荷球已普及于十多个省市的各级学校，此外，中国荷球队在国际竞赛中成绩斐然，获得2019年世界荷球锦标赛第四名和2022年世界运动会荷球比赛第五名，最佳世界排名攀登至第四，令各国刮目相看。这些成绩与所有相关人员的辛勤付出密不可分，在此感谢他们。

本书内容涵盖对荷球运动本质的理解，以及荷球教学训练内容的设计、科研指引、竞赛安排以及裁判员培养等，内容充实，结构清晰完整，值得大力推荐。本人受主编黄津虹教授邀请为本书写序，深感荣幸。

黄英哲

2023年5月

序二

很高兴受中国大学生体育协会荷球分会秘书长黄津虹教授的邀请为本书作序。2004年，由我牵头承接了由国际荷球联合会主席扬·弗朗索博士带队的荷兰国家荷球队对中国的访问，并把荷球运动引入了中国，我同黄津虹教授、刘黎明老师、马襄城老师等第一代中国荷球人，见证了中国荷球的发展与繁荣。

经过十九年的发展，荷球运动已经在中国国内近百所学校，如天津科技大学、西南大学、郑州大学、河南理工大学、广州大学等高校，以及辽宁营口实验高级中学等中学蓬勃开展，中国荷球运动的竞技水平也从参与国际赛事到获得世界荷球锦标赛第四名、世界运动会荷球比赛第五名的优异成绩，中国队的世界排名历史性地冲进世界第四名。回望中国荷球发展的历程和取得的成绩，我倍感欣慰。

如果说中国荷球在这奋进的十九年里取得了一些成绩，那么这些成绩的取得离不开参与荷球运动的各所学校，也离不开大学生体育协会荷球分会。中国荷球运动的发展史其实就是中国大学生荷球发展史，因为荷球运动引进中国后就一直在各级各类院校中开展，历届国家代表队的成员也来源于学校，荷球教育真正做到了体教融合。在这本凝聚中国荷球人心血的著作出版之际，我谨代表中国荷球协会向多年以来推动中国荷球不断进步的各位老师表示感谢。

这本由黄津虹教授带领国内荷球领域专家联合编著的《荷球运动教程》，内容丰富，用词准确，很好地梳理总结了中国荷球发展的进程，规范地讲述了荷球运动的基本技术、战术及相应的教学方法，归纳总结了荷球运动的科研方法以及规则与竞赛组织等内容，为荷球运动在我国的进一步推广与发展奠定了基础。本书不仅适用于大学生阅读学习，对于中学体育教育专业人员，特别是对致力于推动荷球发展的人士来说，也是一本很好的参考书。作为中国荷球协会筹委会主任，我极力推荐此书。读者可以将它放在随手可及之处，参照书中之法、遵循书中所记，定能深入地理解荷球运动的理念及精神所在。最后，我真心地希望在各位朋友的共同努力之下，荷球运动能够得到更广泛的普及和发展，荷球运动的精神可以感召更多国人，以此来达成我们引进荷球运动的初心！

郭麒麟

2023 年 5 月

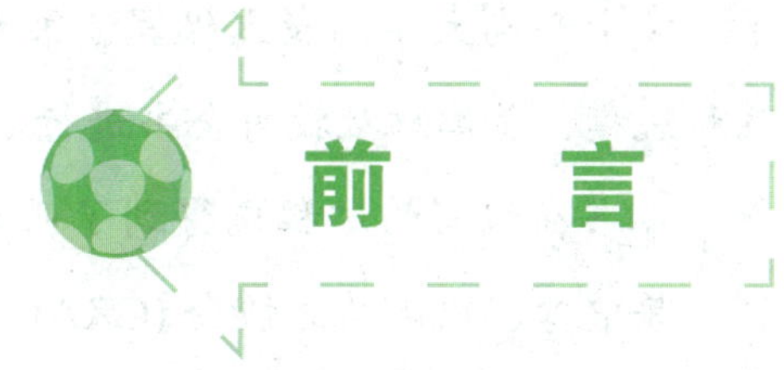

前言

党的二十大报告中指出:促进群众体育和竞技体育全面发展,加快建设体育强国,推进健康中国建设。在建设体育强国、健康中国的新征程上,学校体育起着至关重要的作用。学校体育是我国教育事业的重要组成部分,学校体育的高质量发展是建设教育强国应有之义,是坚持以人民为中心、办好人民满意教育的必然要求,是培养德智体美劳全面发展的社会主义建设者和接班人的重要方面,是落实立德树人根本任务、建设人才强国的基础工程。

荷球是一项超越性别、追求平等的运动项目,旨在实现“服务大众,促进人类和谐发展”的目标,符合现代体育文化的发展趋势。本书的编写对促进学生身体健康,弘扬积极的运动观、体育观、健康观,宣传“处处可运动,人人能健康”的新常态健康生活方式有一定的指导意义。2004 年,荷兰国家荷球队的运动员、教练员及技术人员组成的代表团访问北京,将荷球运动介绍给中国。自此,荷球运动在中国从无到有、从发展到壮大、从积极参与国际赛事到获得世界运动会荷球比赛第五名和世界荷球锦标赛第四名的成绩,经历了不平凡的十九年。国内各高校为荷球运动在我国的推广与发展作出巨大贡献。

虽然中国荷球运动在普及程度、竞技水平、教学与科研能力等方面均取得了长足的进步,但至今尚没有一部完整地介绍荷球知识的通识性教程,这对推动荷球运动在更广范围、更深层次的发展是很不利的。于是大学生体育协会荷球分会牵头,组织国内各高校荷球运动专家编写了本书。

本书是由大学生体育协会荷球分会荷球运动专家共同完成的。书中对我国荷球运动的发展进程及相关的基本技能战术、教学与训练、运动员选材与科研、荷球规则与竞赛组织等内容进行了梳理归纳。各章的编写情况为:第一章、第二章由天津科技大学的黄津虹编写,第三章、第六章由辽宁省营口市教师进修学院的张立科编写,第四章由上海大学的秦文宏编写,第五章由郑州轻工业大学的马丁编写,第七章、

第八章由西南大学的姚磊编写，第九章、第十章由郑州大学的秦俭编写，全书由张立科统稿，黄津虹教授对全书进行了最终的审核、定稿。

本书在编写的过程中得到了亚洲荷球联合会(IKF ASIA)、国家体育总局社会体育指导中心、中国荷球协会(CKA)、北京亚特拉斯体育文化传媒公司的支持与帮助。在编写完成之际，我们还要向为中国荷球运动发展作出贡献的国际荷球联合会(IKF)、荷兰皇家荷球协会(KNKV)、中国香港荷球总会(HKCKA)、中国台湾荷球协会等荷球组织表示感谢！向推动、引领中国荷球运动从起步走向辉煌的国际荷球联合会主席扬·弗朗索博士(Prof. Dr Ir. Jan C. Fransoo)，郭麒麟先生，国家队教练刘黎明及马襄城教授等推广者和第一代中国荷球人致敬！衷心感谢黄英哲教授、郭麒麟先生为本书撰写序言。此外，感谢郑州大学的马襄城、重庆师范大学的梁建平、南宁师范大学的傅振磊、广州大学的张怀钊、兰州理工大学的高玉州等老师，以及为本书拍摄插图的王哲、张瑞钰、李双宏、郝靖含、王子璇、马紫微等同学的支持。

希望本书能给广大荷球爱好者以启迪，并能为荷球运动在我国的推广与发展起到积极作用。

主编

2023 年 3 月 24 日

黄津虹

目 录

第一章　荷球运动的起源及发展简史

学习提要与目标

本章主要介绍荷球运动的起源及其在中国的发展历程，国际及国内主要的荷球赛事。通过对本章的学习，要求了解荷球运动精神，理解荷球运动的理念及其在我国的发展。

第一节　荷球运动的起源

荷兰中学体育教师尼克·布鲁克修森(Nico Broekhuysen，1877—1958年)(见图1-1-1)，在瑞典Naas镇参与夏季课程的设计时，从一项游戏中受到启发，认识到了“体育运动的多样性”，即学校男、女生由于性别的差异无法同场竞技。基于男、女两性之间互相尊重，为使男、女通过平等合作来达到共同的目标，他于1902年在阿姆斯特丹发明了荷球这项运动。经过与新社会学校(New Society School)董事会协商，这项新的体育运动“Korfball”被允许在高年级中开设。其中文译名为考夫球、荷式篮球、荷球(合球)。

图 1-1-1　尼克·布鲁克修森

荷球竞赛规则于 1902 年由阿姆斯特丹体育协会 (Amsterdam Association for Physical Education) 以“荷球”为标题出版，这是第一个关于荷球运动的规则。

荷球诞生之后，荷兰相继出现了一些荷球俱乐部。1903 年 6 月 2 日，荷兰成立了世界上第一个荷球运动协会——荷兰皇家荷球协会 (Koninklijk Nederlands Korfball Verbond，KNKV)。

荷兰皇家荷球协会的创立对荷球的发展起到了重要的推动作用，但荷兰皇家荷球协会一直将精力集中在改善内部架构的运作上，较少关注荷球的国际化进程。荷球曾于 1920 年安特卫普奥运会及 1928 年阿姆斯特丹奥运会被列为演示项目，1923 年举行了第一场国际荷球比赛。1933 年 6 月 11 日，国际荷球联合会 (International Korfball Federations，IKF) 在比利时安特卫普成立，简称国际荷联，现址为荷兰乌垂赫特市，如图 1-1-2 所示。

图 1-1-2　国际荷球联合会 (IKF) 现驻地外貌

此后，荷球在国际上得到了大范围的推广。1978 年举办了第一届世界荷球锦标赛，此后每四年举办一次。1985 年，荷球首次进入世界运动会。

1993 年，国际荷球联合会被国际奥林匹克委员会 (International Olympic Committee，IOC) 正式承认，并先后被国际单项体育联合会总会 (GAISF)、世界运动会协会 (IWGA)、国际体育联合会总会 (ARISF) 正式承认。

经过 100 多年的发展，荷球已经从一项校园游戏活动逐步演变为世界上唯一一项男、女同场竞技的团队球类比赛项目，成为真正的国际化体育运动项目，并逐渐受到各国人民的关注。与篮球运动相比，荷球运动的商业性改革并不是很乐观，但荷球运动强调的男、女合作精神是非常值得称颂的，越来越多的国家成立了荷球协会，并加入了国际荷球联合会。目前，国际荷球联合会已有 69 个正式会员，遍及欧洲、美洲、亚洲、非洲、大洋洲，特别是在中欧和东南亚地区，不仅发展迅速，而且技、战术水平也很高，并于 1995 年首次在亚洲的印度举办了世界荷球锦标赛。这些都表明荷球运动的国际化进程越来越快，影响力日益扩大。

国际荷球联合会致力于将荷球推广到全世界，并为实现这一目标，向所有会员国提供物质及其他建设性的帮助。为了在会员国建立起稳定的地方荷球组织，国际荷球联合会除向这些国家派遣教练员外，还邀请优秀的运动员、教练员及裁判员到荷兰参观和培训。

第二节　中国荷球运动发展简史

2008 年国家体育总局文件批复“荷式篮球”为我国试行开展的体育运动项目。

(一) 发展的萌芽期

2004 年 3 月 22 日，由国际荷球联合会主席扬 • 弗朗索 (Jan Fransoo) 博士带队，荷兰国家荷球队首席教练委员会顾问、原荷兰国家荷球队主教练宾 • 克兰姆 (Ben Crum) 率领荷兰国家荷球队的 8 名队员，在国际荷球联合会亚大区副会长黄英哲博士的陪同下来华访问，目的是将荷球运动项目推广到中国，使世界上人口最多的国家能够成为荷球大家庭中的一员。

2004 年 4 月，国际荷球联合会授权北京亚特拉斯体育文化发展有限公司 (以下简称北京亚特拉斯) 为荷球运动在中国的唯一推广单位。

2004 年 5 月，全国荷球培训班在北京成立。培训班由国家体育总局社会体育指导中心 (以下简称社体中心) 主办，北京亚特拉斯协办，由宾 • 克兰姆为培训班主讲讲师，钟淑芬老师担任翻译。培训班分别在清华大学、北京体育大学和首都体育学院对参加活动的师生进行了培训。

2004 年 11 月，国际荷球联合会主席扬•弗朗索博士在北京会见中国大陆第一代荷球人。

2004 年 12 月，国际荷球联合会主席扬 • 弗朗索博士走访了北京大学和北京体育大学，向北京第八中学赠送了荷球器材。其间，商讨了 2005 年荷球在中国的推广计划。中国香港队、中国台北队随后与首都师范大学附属中学、北京市第八中学、北京体育大学、首都体育学院开展了交流活动。

2005 年 4 月 6 日，荷兰荷球皇家协会以及荷兰国家荷球队一行 28 人，在国家体育总局对外联络司、社体中心负责人的陪同下，与清华大学、北京大学、北京体育大学、天津科技大学、天津工程师范学院 (现为天津职业技术师范大学) 开展了交流活动，并赠送了荷球器材。由国家体育总局社体中心主办，北京亚特拉斯协办的全国第一期荷球教练员、裁判员培训班在北京体育大学举行。培训结束后，参加培训的几所高校相继成立了荷球代表队。

截至 2020 年 12 月，我国共举办了荷球教练员、裁判员培训班三十多期 (见表 1-2-1)。

表 1-2-1　全国荷球教练员、裁判员培训班一览表（包括高校培训班）

批 次	时 间	地 点
第一期	2005.04	北京体育大学
第二期	2005.10	天津科技大学
第三期	2006.10	郑州大学
第四期	2006.11	广州体育学院
第五期	2007.04	华中师范大学
第六期	2007.06	上海大学
第七期	2007.12	天津科技大学
第八期	2008.05	郑州大学
第九期	2008.07	浙江省绍兴市
第十期	2009.04	内蒙古科技大学
第十一期	2010.04	湖南省株洲市
第十二期	2010.07	天津科技大学
第十三期	2010.10	绍兴文理学院
第十四期	2010.12	陕西科技大学
第十五期	2011.08	黑龙江八一农垦大学
第十六期	2011.10	绍兴文理学院
第十七期	2012.05	郑州大学
第十八期	2013.05	上海大学
第十九期	2013.07	内蒙古科技大学
第二十期	2014.07	辽阳市第二高级中学
第二十一期	2014.07	郑州大学
第二十二期	2015.07	河南理工大学
第二十三期	2015.09	郑州大学
第二十四期	2016.03	泰山学院
第二十五期	2016.04	天津科技大学
第二十六期	2016.07	广州大学
第二十七期	2017.04	郑州大学
第二十八期	2018.06	郑州大学
第二十九期	2018.07	青岛黄海学院
第三十期	2019.05	天津科技大学
第三十一期	2020.12	线上培训班

2005 年 10 月，国际荷球联合会批准中国成为第 45 个准会员国。

2005 年 10 月 21 日，由国家体育总局社体中心主办、北京亚特拉斯协办的“首届全国荷球比赛”在天津科技大学举行，北京大学、北京体育大学、首都体育学院、天津科技大学、天津工程师范学院（现为天津职业技术师范大学）、河北师范大学、郑州大学的七支代表队参加了比赛，最终河北师范大学获得了此次比赛的冠军。

2005 年 10 月 23 日，亚大荷联授权天津科技大学成立中国合球培训基地，这是我国国内第一个荷球培训基地，见图 1-2-1。

注：荷球运动 2004 年引入后一直使用“合球”这一名称，2008 年国家体育总局对荷球项目正式立项，称为“荷球”，此后统一称“荷球”。本图为 2005 年颁发，彼时称“合球”。

图 1-2-1　我国国内第一个荷球培训基地

2006 年 7 月 4 日至 10 日，由河北师范大学荷球队代表中国赴中国香港参加了第七届亚洲暨大洋洲荷球锦标赛，这是中国荷球第一次走上国际舞台，中国队最终获得了第五名的好成绩。

2006 年 8 月 3 日，国家体育总局社体中心在北京康城饭店召开“中国荷球运动协会”筹备会议，会上讨论了荷球运动的总体发展规划，并确定了具体的实施方案，起草了中国荷球运动协会章程、荷球运动裁判员管理办法、荷球运动教练员管理办法、中国荷球运动协会专业委员会组织框架等文件，来自天津科技大学、郑州大学、河北师范大学、北京体育大学、北京大学的专家、教授及北京亚特拉斯的相关人员出席了会议。此次会议是我国荷球运动发展史上的重要里程碑。

（二）推广发展期

2007 年 4 月 26 日，以国际荷球联合会主席扬·弗朗索博士为首的国际荷球联合会代表团一行访问我国。扬·弗朗索博士表示，荷球运动在中国短时间内发展迅速，不但多次组织全国比赛，还踏上了国际赛场，水平不断提高。希望中国能够参加亚大锦标赛、世青赛、世锦赛乃至世界运动会，增加与世界强队交流的机会。

2007 年 7 月 2 日，中国国家荷球队集训队在新西兰基督城参加 2007 年亚洲暨大洋洲青年荷球锦标赛，见图 1-2-2，教练为刘黎明、马襄城，由天津科技大学、河南理工大学、郑州大学、广州大学、广东技术师范学院组成的中国国家荷球队最终获得了第四名。天津科技大学的郑艳获得了本届锦标赛“最佳女投手”的称号，这个奖项也是中国国家荷球队队员在国际比赛场上获得的第一个个人奖项。

图 1-2-2　中国国家荷球队在新西兰基督城参加 2007 年亚洲暨大洋洲青年荷球锦标赛

2007 年 9 月 16 日，亚大荷联授权郑州大学成立中国荷球培训基地。这意味着郑州大学成为我国第二个荷球培训基地。

2007 年 9 月 16 日，为了迎接在捷克 (布尔诺) 举行的第八届世界荷球锦标赛，由天津科技大学、河南理工大学、郑州大学三所高校的 18 名运动员组成的中国荷球集训队在天津科技大学的中国荷球培训基地参加了为期一个月的封闭式训练。2007 年 10 月 30 日至 11 月 11 日，中国荷球队赴捷克参加比赛，首次参加世界荷球锦标赛的中国队在比赛中战胜了美国队。

2007 年 11 月 7 日，申办第九届世界荷球锦标赛的会议在捷克 (布尔诺) 开幕。此次共有中国、印度、南非三个国家提出了申办申请。最终中国绍兴凭借过人的优势、完美的陈述报告，在三个申办城市中脱颖而出，获得了 2011 年第九届世界荷球锦标赛的举办权。此次世界荷球锦标赛的成功申办对我国荷球事业的发展起到了积极的推动作用。

2007 年 12 月 12 日至 15 日，第一届全国荷球公开赛在天津科技大学举行，本次比赛共有 12 支代表队参加。东道主天津科技大学获得了冠军。

2008 年 6 月 3 日至 7 日，第二届亚洲荷球锦标赛在印度 (斋浦尔) 拉开帷幕。经过五天紧张激烈的比赛，中国台北队、印度队分获冠、亚军。由天津科技大学、广东技术师范学院等在校大学生组成的中国队最终取得了第四名。

2008 年 7 月 3 日，国家体育总局颁布《关于将荷式篮球设立为我国试行开展的体育运动项目的批复》(体竞字〔2008〕65 号) 文件，正式将荷球设立为我国试行开展的体育运动项目，属于大项，见图 1-2-3。

国家体育总局

体竞字〔2008〕65号

关于将荷式篮球设立为我国试行开展的体育运动项目的批复

社会体育指导中心：

为促进体育事业发展，根据《体育运动项目立项管理办法》（体竞字〔2006〕124号），经研究决定：同意将荷式篮球设立为我国试行开展的体育运动项目，属于大项，日常业务管理工作由社会体育指导中心负责。

此复。

主题词：竞体司　立项　批复

抄送：各省、自治区、直辖市、计划单列市、新疆生产建设兵团体育局，总参军训和兵种部体育训练局、总政宣传部文化体育局，各厅、司、局，有关直属单位。

图1-2-3　国家体育总局发文

2008年11月2日至9日，第5届世界青年荷球锦标赛在中国台湾高雄市落下帷幕。由天津科技大学、广州大学在校大学生组成的中国队参加了本次比赛，见图1-2-4。本次比赛共有12个国家和地区的代表队参赛。经过8天的激烈角逐，传统强队荷兰队最终摘得桂冠，东道主中国台北队和比利时队分获亚、季军。

图1-2-4　中国荷球队参加第5届世界青年荷球锦标赛

2009 年 12 月 10 日至 12 月 15 日，由国家体育总局社体中心、中国荷球协会（筹）主办，天津市社会体育管理中心、天津科技大学承办，北京亚特拉斯协办的 2009 年全国荷球锦标赛在天津科技大学的中国荷球培训基地举行，本次比赛共有 10 支队伍约 200 名运动员参加了比赛。河南理工大学、郑州大学、天津科技大学分别获得前三名。

2010 年 4 月 3 日至 7 日，第八届亚洲暨大洋洲荷球锦标赛在我国湖南省株洲市落下帷幕。来自澳大利亚、新西兰、印度、中国等 8 个国家和地区的运动员参加了此次比赛。中国台北队、中国队分别获得冠、亚军，中国香港队获得第三名。

2010 年 6 月 20 日，经亚大荷联授权，批准郑州大学成立“郑州大学亚洲荷球发展研究中心”。

2010 年 6 月 22 日，郑州大学决定在体育系体育教育及社会体育两个专业开设荷球专选主干课程（两年）。该课程的设置，为我国体育教育课程建设增添了一项新的专业。

2010 年 6 月 28 日至 7 月 8 日，荷球世界冠军——荷兰国家荷球队一行 20 人飞抵杭州。在与绍兴文理学院荷球队进行教学交流后，荷兰国家荷球队于 7 月 3 日抵达天津科技大学，对来自全国大、中学校的教练员以及天津科技大学、郑州大学、西南大学等高校的运动员进行了为期七天的理论和技战术培训，特别注重对运动员实战能力的培养，效果显著，同时荷兰国家荷球队也展示出世界冠军的风采和精湛的球技。

2010 年 8 月 27 日，国家体育总局社体中心、中国荷球协会（筹）发布《关于印发荷球专项技术人员技术等级标准（试行）》的通知。通知要求参照国家体育总局《体育运动项目立项管理办法》《体育竞赛裁判员管理办法》《运动员技术等级标准》等文件规定，国家体育总局社体中心、中国荷球协会（筹）特制定《中国荷球运动员技术等级标准（试行）》《全国荷球裁判员技术等级标准（试行）》《全国荷球教练员技术等级标准（试行）》，从 2010 年 7 月 1 日开始试行。

2010 年 10 月 12 日至 16 日，2010 年全国荷球锦标赛在绍兴市举行。本次比赛共有 12 支队伍约 200 名运动员参加。绍兴文理学院、河南理工大学、郑州大学分别获得前三名。

2011 年 5 月 9 日，由国家体育总局社体中心、北京亚特拉斯共同组织举办的“大手牵小手、共建荷球日”活动在天津科技大学举行，目的是让更多青少年了解、体验并喜爱上荷球这项运动。北京景山学校远洋分校与天津科技大学的学生通过此次活动，建立了深厚的友谊。

2011 年 10 月 25 日至 11 月 5 日，由国际荷球联合会主办，国家体育总局社体中心、浙江省体育局、绍兴市人民政府共同承办的第九届世界荷球锦标赛在浙江省绍兴市开幕，见图 1-2-5。来自中国、荷兰、德国、葡萄牙等 16 个国家和地区的近 400 名运动员参加了本届比赛。荷兰队、比利时队、中国台北队分别获得冠、亚、季军。中国队在本届比赛中获得第十一名。

图 1-2-5　第九届世界荷球锦标赛开幕式

(三) 快速发展期

2012 年 9 月 9 日至 14 日，第四届全国荷球锦标赛在青岛黄海学院开幕。来自全国各省、市院校的 10 支队伍近 200 名国内优秀选手参赛。绍兴文理学院、郑州大学、河南理工大学分别获得冠、亚、季军。

2013 年 3 月 27 日至 30 日，第十八届世界青年荷球锦标赛在荷兰举行，由辽宁营口实验高级中学和郑州大学联合组建的中国青年荷球队 (U19) 参加了本届比赛，这是中国荷球发展史上第一支国家队到访荷球的发源地，见图 1-2-6。共有 16 个国家和地区的代表队参加了本届比赛，经过三天的比赛，最终中国青年荷球队 (U19) 获得本次比赛的第十三名，中国青年荷球队的李双宏、赵廷伟获得“未来之星”奖。

图 1-2-6　中国青年荷球队 (U19) 在阿姆斯特丹机场合影

2013 年 8 月，第一届亚洲大学荷球锦标赛在我国台湾台北教育大学举行。来自中国、韩国、中国台湾、中国香港、中国澳门等 10 个国家和地区的代表队参加了本届比赛，台北教育大学、天津科技大学、台湾师范大学分别获得前三名。天津科技大学的梁帅帅、郑州大学的连雪瑾及西南大学的杨永斌获得“明星球员”的称号。

2013 年 10 月 11 日，由国际荷球联合会、国家体育总局社体中心、中国荷球协会主办，天津科技大学、天津市体育局共同承办的第三届亚洲荷球锦标赛在天津科技大学隆重开幕。来自马来西亚、日本、中国、印度尼西亚、中国澳门、中国台湾、韩国等国家和地区的 7 支代表队参加了比赛，最终中华台北队、中国队、中国澳门队分别获得前三名。

2014 年 5 月 27 日至 31 日，由国家体育总局社体中心、中国荷球协会主办，郑州大学承办的中国荷球发展十周年庆典系列活动暨第六届全国荷球锦标赛在郑州大学举行。国家体育总局社体中心、郑州大学、河南省体育局等相关领导出席了开幕式，并在闭幕式上为获 A 组的前三名，即西南大学、天津科技大学、郑州大学，B 组的前三名，即内蒙古科技大学、辽宁营口实验高级中学和青岛黄海学院分别颁发了奖杯、奖牌及证书。

2014 年 5 月 27 日至 28 日，中国荷球发展十周年庆典系列活动暨首届全国荷球教学与科研论文研讨会在郑州大学召开。

2014 年 5 月 30 日，由国家体育总局社体中心、中国荷球协会主办的中国荷球运动发展十周年庆典系列活动暨中国荷球运动发展十周年表彰大会在郑州大学举行。大会向多年来为中国荷球事业作出突出贡献的单位和个人进行了表彰与嘉奖，具体情况如下：

• 授予国际荷球联合会“中国荷球发展十周年特别贡献奖”；

• 授予亚洲荷球联合会“中国荷球发展十周年特别贡献奖”；

• 授予宾 • 克兰姆先生“中国荷球队终身荣誉主教练证书”；

• 授予北京亚特拉斯、天津科技大学、郑州大学中国荷球运动发展十周年“突出贡献单位”并颁发奖牌；

• 授予河南理工大学、绍兴文理学院、绍兴市社会体育指导中心、广州大学、内蒙古科技大学、西南大学、辽宁营口实验高级中学、青岛市黄岛区体育中心等中国荷球运动发展十周年“先进单位”并颁发奖牌；

• 授予秦俭、傅振磊、秦聪、林伟锋、马丁五人“中国首批国家级荷球裁判员”称号。

2015 年 8 月，首届亚洲青少年荷球锦标赛 (K4) 在印度尼西亚首都雅加达举行，中国青少年荷球队由辽宁营口实验高级中学 (U19)、重庆市经贸中等专业学校 (U19)、营口市第九初级中学 (U16) 组成，中国青少年荷球队最终获得 U16—单柱亚军、双柱第三名，U19—单柱亚军、双柱第三名。

2016 年 5 月 16 日至 20 日，第八届全国荷球锦标赛在浙江省绍兴市市体育馆举办。此次比赛共有来自全国的 15 支大学及高中队伍参加。青岛黄海学院、长安大学、郑州轻工业学院分别获得甲组前三名，郑州大学、天津科技大学、郑州大学荷球俱乐部队分别获得乙组前三名。

2017 年 8 月 14 日至 19 日，第九届全国荷球锦标赛暨第八届全国大学生荷球锦标赛在深圳市龙岗区龙城高级中学圆满举行。此次比赛共有包括中国香港在内的 11 个省、市、区共 18 个单位的 20 支队伍参赛。最终西南大学、天津科技大学、郑州大学本源队分别获得全区比赛前三名，青岛黄海学院、长安大学、昆明理工大学津桥学院分别获得半区比赛前三名。

2018 年 10 月 24 日，第十届全国荷球锦标赛在深圳市龙岗区文体中心拉开帷幕。来自全国各地的 10 支球队近 200 名运动员在这里进行了为期四天的比赛，全区赛冠军为郑州大学本源队，单区赛冠军为重庆市江津中学。

2019 年 7 月 18 至 22 日，2019 年全国荷球锦标赛暨第十届全国学生荷球锦标赛在内蒙古自治区鄂尔多斯市举办，见图 1-2-7，经过五天的激烈角逐，产生了各组别冠军，分别是全区 A 组的郑州大学本源队，全区 B 组的营口南楼中学，单区 A 组的重庆市江津中学，单区 B 组的青岛黄海学院，单区中学生组的香港中学生队。

图 1-2-7 2019 年全国荷球锦标赛暨第十届全国学生荷球锦标赛在内蒙古鄂尔多斯伊金霍洛旗体育中心开幕

2020 年 9 月 25 日，由国家体育总局社体中心组织召开的全国荷球项目发展研讨会在北京召开，中国荷球协会（筹）各专业委员会及各地荷球项目代表参会，见图 1-2-8。

图 1-2-8 全国荷球项目发展研讨会在北京召开

此次会议为贯彻落实习近平总书记关于体育强国建设的重要指示和全国教育大会精神，落实国家体育总局、教育部联合印发的《关于深化体教融合 促进青少年健康发展的意见》精神，旨在加强荷球运动各项工作的规范化管理和可持续发展。会议共通过了《全国荷球竞赛裁判员管理办法（试行）》《全国荷球教练员管理办法（试行）》《荷球项目专业技术人员培训办法》《中国荷球运动员技术等级标准（试行）》《中国荷球协会运动员管理办法》《荷球项目国家队运动员、教练员选拔实施细则（试行）》等文件的讨论稿。会议还讨论了中国荷球协会（筹）各专业委员会职责分工、荷球项目“十四五”规划编制工作分工，2020 及 2021 年中国荷球赛事、赛制改革方案等内容。

2020 年 12 月 12 日，由国际荷球联合会支持，国家体育总局社体中心、中国大学生体育协会、中国荷球协会（筹）联合国际荷联主办的荷球规则 2020 修订内容培训班顺利举办。本次培训为线上公开授课，国内各高校和中学荷球裁判员、教练员、运动员及社会荷球爱好者共有超过 600 人参与。培训班特邀国际荷球联合会 A 级裁判、亚洲荷球联合会裁判工作组组长李永雄先生担任主讲。

2021 年 5 月 6 日，国家体育总局社体中心授予马襄城、刘黎明为我国首批荷球国家级教练员；授予秦俭、张立科、马丁、秦聪、彭博为我国荷球国家级裁判员。

中国荷球国家队从 2006 年开始不间断地参加各项洲际及国际赛事，中国队国际荷球比赛成绩一览表见表 1-2-2。

表 1-2-2 中国队国际荷球比赛成绩一览表

时间	地点	比赛名称	名次	中国队组成单位
2006.07	中国香港	第七届亚洲暨大洋洲荷球锦标赛	第五名	河北师范大学
2007.07	新西兰基督城	第三届 U23 亚洲暨大洋洲荷球锦标赛	第五名	天津科技大学、河南理工大学、郑州大学、广州大学、广东技术师范学院
2007.10	捷克布尔诺	第八届世界荷球锦标赛	第十六名	天津科技大学、郑州大学、河南理工大学
2008.06	印度斋浦尔	第二届亚洲荷球锦标赛	第四名	天津科技大学、广东技术师范学院、西南大学
2008.11	中国台湾高雄	第五届 U23 世界荷球锦标赛	第十二名	天津科技大学、广州大学
2010.04	中国株洲	第八届亚洲暨大洋洲荷球锦标赛	第二名	天津科技大学、河南理工大学、郑州大学
2011.07	澳大利亚阿德莱德	第四届 U23 亚洲暨大洋洲荷球锦标赛	第四名	天津科技大学、郑州大学、西南大学、长安大学
2011.10	中国绍兴	第九届世界荷球锦标赛	第十一名	天津科技大学、西南大学、郑州大学、绍兴文理学院
2013.10	中国天津	第三届亚洲荷球锦标赛	第三名	天津科技大学、郑州大学、西南大学、河南理工大学、辽宁营口实验高级中学
2013.10	西班牙加泰罗尼亚	第六届 U23 世界荷球锦标赛	第十一名	天津科技大学、郑州大学、辽宁营口实验高级中学
2014.08	中国香港	第九届亚洲暨大洋洲荷球锦标赛	第二名	天津科技大学、西南大学、郑州大学

续表

时间	地点	比赛名称	名次	中国队组成单位
2015.04	英国诺维奇	首届世界大学生荷球锦标赛	第五名	天津科技大学、郑州大学
2015.07	中国台湾新竹	第五届 U23 亚洲暨大洋洲荷球锦标赛	第二名	天津科技大学、西南大学、郑州大学
2015.10	比利时安特卫普	第十届世界荷球锦标赛	第七名	天津科技大学、郑州大学
2016.07	捷克奥洛穆茨	第七届 U23 世界荷球锦标赛	第五名	郑州大学
2016.08	印度斋浦尔	第四届亚洲荷球锦标赛	第三名	西南大学、青岛黄海学院、长安大学
2017.07	波兰弗罗茨瓦夫	第十届世界运动会（荷球项目）	第五名	天津科技大学、郑州大学、西南大学、重庆市江津中学
2018.07	匈牙利布达佩斯	首届 U21 世界荷球锦标赛	第五名	郑州大学、青岛黄海学院
2018.08	日本琦玉	第十届亚洲暨大洋洲荷球锦标赛	第二名	天津科技大学、郑州大学
2019.03	中国香港	沙滩荷球世界杯（亚洲）荷球比赛	第二名	郑州大学、重庆市江津中学
2019.05	中国绍兴	首届 U21 亚洲暨大洋洲荷球锦标赛	第三名	郑州大学、西南大学、青岛黄海学院、石家庄学院
2019.08	南非德班	第十一届世界荷球锦标赛	第四名	郑州大学、天津科技大学、西南大学、石家庄学院等
2022.07	美国伯明翰	第十一届世界运动会（荷球项目）	第五名	郑州大学
2022.11	泰国芭提雅	第十一届亚洲暨大洋洲荷球锦标赛	第二名	郑州大学

随着荷球运动在我国的不断推广与发展，除了在高校中开展以外，也在中、小学校中得到了很好的推广，同时国际荷球赛事也在不断完善和发展，各级、各类、各年龄段的比赛孕育而生。从 2012 年开始，由不同中、小学校共同组建的中国青少年荷球队参加了多项比赛，并取得了优异成绩，为国家队输送了大量人才，也为国家队在国际大赛取得优异成绩奠定了基础。中国青少年荷球队参赛情况见表 1-2-3。

表 1-2-3　中国青少年荷球队 (U16、U19) 国际荷球赛成绩一览表

时间	地点	比赛名称	届次	比赛成绩	国家青少年集训队组成学校
2012.06	中国香港	香港会长杯国际荷球邀请赛 (U19)	第五十五届	冠军	辽宁营口实验高级中学
2013.04	荷兰	世界青年锦标赛 (U19)	第十八届	第十三名	辽宁营口实验高级中学、郑州大学
2014.07	荷兰	世界青年锦标赛 (U19)	第十九届	第九名	辽宁营口实验高级中学、郑州大学、营口南楼中学
2015.04	荷兰	世界青年锦标赛 (U19)	第二十届	第十名	郑州大学、青岛黄海学院、长安大学、青岛黄岛职业教育中心
2015.08	印度尼西亚	亚洲青少年锦标赛 (K4)	第一届	U16：单柱亚军、双柱第三名 U19：单柱亚军、双柱第三名	辽宁营口实验高级中学 (U19)、重庆市经贸中等专业学校 (U19)、营口市第九初级中学 (U16)
2016.04	荷兰	世界青年锦标赛 (U19)	第二十一届	第十一名	郑州大学、青岛黄海学院、昆明理工大学津桥学院
2017.04	荷兰	世界青年锦标赛 (U19)	第二十二届	第十二名	郑州大学、青岛黄海学院、郑州大学第二附属中学
2017.08	中国香港	亚洲青少年锦标赛 (K4)	第二届	U16：单柱亚军、双柱亚军 U19 单柱第三名、双柱亚军	重庆市经贸中等专业学校 (U16、U19)、营口南楼中学 (U16、U19)
2019.04	中国香港	香港会长杯国际荷球邀请赛 (U19)	第六十二届	第三名	重庆市经贸中等专业学校
2019.04	荷兰	世界青年锦标赛 (U19)	第二十四届	第十三名	青岛黄海学院、营口南楼开发区高级中学、郑州大学附属学校、安阳市第二中学
2019.09	中国香港	国际学生荷球锦标赛 (K4)	第一届	亚军	重庆市经贸中等专业学校

第三节　荷球运动的特点、规律和发展趋势

一、荷球运动的特点、规律

荷球运动与篮球运动类似，是世界上唯一一项男、女同场竞技的团队式攻防球类运动。荷球比赛胜负以投篮得分多少来判定，每投进 1 球得 1 分，专业比赛的每场比赛时间分为上、下半场，每半场为 25 分钟的全停表 (净时间)。每半场再平分两节，节间有 1 分钟的技术暂停时间，第二节和第三节之间为中场休息时间 (10 分钟)。业余比赛根据不同比赛规程的要求，执行不同的比赛时长。

国际标准的荷球比赛场地(见图1-3-1)为长40米、宽20米的长方形区域，以中线划分成两个半场，球柱分别立于两半场中央、距离底线6.67米处；球柱直径为5～8厘米，顶端固定球筐。球筐由塑料制成，安装在球柱上端，上缘离地3.5米，球筐内径为39～41厘米，篮筐高25厘米。荷球用皮质或合成材料制成，周长为68～70.5厘米，重量为425～475克(成人训练比赛为5号球，青少年训练比赛为4号球)。

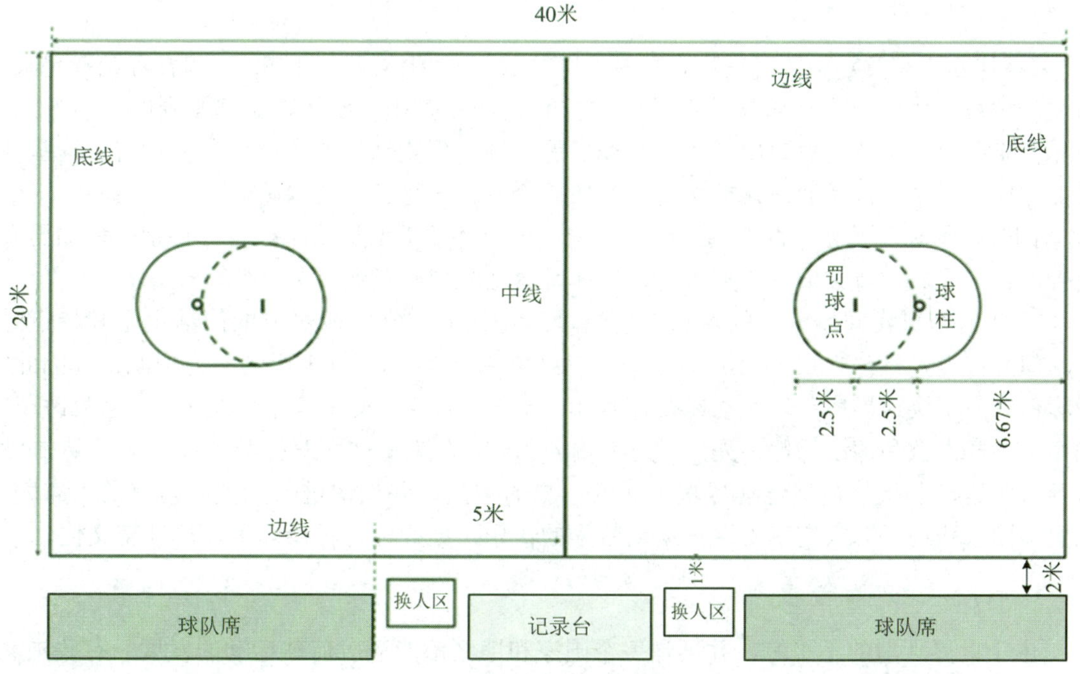

图 1-3-1　荷球比赛场地

比赛时，每队各 4 男、4 女，共 8 人，2 男、2 女在进攻区，2 男、2 女在防守区；每队必须试图在自己的进攻区投篮得分，不得越区进攻；两队进球数相加为 2 的倍数时球员必须换区 (如 2 ∶ 0、1 ∶ 1 或 3 ∶ 1)，同时改变攻防角色。比赛中，同性一对一防守，禁止二对一防守，亦不能防守异性球员，选手只能传球，不得运球或持球前进。

持球进攻者在“防守位置”情况下，不得投篮，构成防守位置的条件有：

(1) 防守者面对持球进攻者，并且距离在一臂长之内；

(2) 防守者企图封阻持球进攻者投篮；

(3) 防守者躯干比持球进攻者躯干靠近球柱。

只要不满足上述条件中的一项，则持球进攻者都可以投篮。

当一方发生犯规但不直接影响对方得分时，由对方在犯规地点罚自由球，持球者必须在裁判鸣笛后 4 秒内传球，且必须经过一次以上的传球才可投篮；当一方直接犯规影响对方得分，则在球柱正前方 2.5 米处进行罚球。

比赛进行中，不能持球移动，不能运球移动，只可以通过传球使球移动。进攻队持球队员只有在摆脱对方的防守即处于“自由位置”时才可投篮。攻防双方不允许有身体接触，是为了最大限度地避免攻防队员因身体接触而带来伤害。

二、荷球运动的发展趋势

随着时代的进步与发展，荷球运动由一项校园活动演变为真正的国际化运动，逐渐受到大众瞩目。

(一) 进入奥运会

《奥林匹克宪章》中明确提出，奥林匹克主义谋求把体育运动与文化和教育融合起来，创建一种在努力中寻求欢乐、发挥良好榜样的教育价值并尊重基本公德原则的生活方式。国际奥委会前主席罗格也提出了“更干净、更人性、更团结”的奥林匹克新格言。这些精神都体现了竞技体育运动在人类文明中存在的价值、体育运动的本质。

同时，国际奥委会一直提倡提高女性的地位，并要求增加女子项目，特别是增加男女混合项目。因此，荷球项目的加入对世界体育运动的均衡发展至关重要。

荷球运动男女同场竞技的特点使得这项运动极具观赏性，器材的简洁也是其特点之一。但其特点是参与人数多 (16 人)、场地大 (20 米 × 40 米) 且占用的室内资源多。因此，国际荷联为了快速推广荷球运动以及使其加入综合运动会，在许多方面进行了一系列改革，如精简参赛人数和缩小场地，先后推出室内 4 人制 (分为单柱和双柱两种赛制)、4 人制沙滩赛等。这有利于让荷球运动尽快地融入群众的生活，并加快进入到奥林匹克的大家庭，让更多国家和地区的人们享受这项运动带来的快乐，更好地诠释荷球运动的独特文化。

(二) 全球均衡发展

由于世界环境的不平等，并不是每个国家和地区都能适应荷球运动的发展。有些国家正在遭受饥饿和贫穷，甚至有些国家战争和冲突不断。因此，国际荷联应与相关国家、体育组织与协会携手，制订切实可行的计划，共同推进荷球运动的发展，使世界上每一位公民都有机会享有参与这项运动的权利。

（三）扩大知名度

荷球运动发展至今已有百余年的历史。荷兰作为荷球的发源地，应发挥好“带头人”的作用。中国体育及教育主管部门也应加大支持力度，在运动训练专业提前布局，针对荷球运动进行招生。

国际荷球联合会除尝试与各国相关组织合作，解决各国当前在荷球运动发展过程中遇到的各种困难，并给予相关支持外，还应组建一支好的专业营销团队，与著名企业集团联手打造知名赛事，进一步扩大荷球运动的影响力；另外，还可以通过设置各个年龄段的比赛以吸引更多的青少年及家长的关注并参与其中。

（四）重点发展与培育青年人群

国际荷球联合会已经认识到发展大学生荷球的重要性。如果大学生积极参与荷球运动，将会对他们的下一代产生很重要的影响。因此，校园荷球是荷球运动未来发展的重点，应鼓励各地大学举办各类校园荷球比赛、国际大学生比赛等。

第四节 国际及中国荷球运动的主要赛事

国际荷球运动的主要赛事如下：

(1) 世界运动会 (每四年举办一届)；
(2) 世界荷球锦标赛 (每四年举办一届)；
(3) 欧洲荷球锦标赛 (每四年举办一届)；
(4) 世界青年 (U23、U19、U16) 荷球锦标赛 (每四年举办一届)；
(5) 亚洲暨大洋洲荷球锦标赛；
(6) 亚洲暨大洋洲青年荷球锦标赛；
(7) 亚洲荷球锦标赛；
(8) 亚洲大学生荷球锦标赛；
(9) 荷球欧洲杯；
(10) 欧洲青年 (U21) 荷球锦标赛；
(11) 世界大学生荷球锦标赛；
(12) 欧洲大学生荷球锦标赛；
(13) 国际荷球友谊赛。

国内荷球运动的主要赛事如下：

(1) 全国荷球锦标赛 (每年举办一届)；
(2) 中国大学生荷球锦标赛 (每年举办一届)；

(3) 全国沙滩荷球公开赛 (每年举办一届);

(4) 全国荷球比赛、全国荷球公开赛 (2009 年以后改为全国荷球锦标赛)。

习 题

1. 荷球运动是什么时候、在什么地方、由谁发明的?
2. 简述中国荷球运动的发展历程。
3. 中国国内有哪些荷球赛事?
4. 中国大学生荷球队在世界赛场上取得了哪些优异成绩?

第二章 中国高校荷球运动发展简史

学习提要与目标

本章主要介绍荷球运动在中国高校发展的历程，以及国际和全国大学生主要荷球赛事。通过对本章的学习，要求了解我国高校荷球运动的发展历程，了解我国高校荷球运动取得的优异成绩，从而激发学生参与荷球运动的热情，为荷球运动在我国的推广起到积极作用。

第一节 中国高校荷球运动发展初级阶段

2004年3月，在国际荷球联合会主席扬·弗朗索博士的带领下，荷兰国家荷球队首次来华访问，将荷球运动项目推广到中国高校，开启了我国高校荷球运动的发展历程。

2004年11月，国际荷球联合会主席扬·弗朗索博士在北京会见了天津科技大学体育部主任黄津虹教授及教练员刘黎明，并赠送了首批荷球器材。

2005年，北京大学、北京体育大学、天津科技大学、郑州大学、首都体育师范大学、河北师范大学相继成立了荷球代表队。

2005年8月，天津科技大学、郑州大学、北京大学、河北师范大学等高校率先开设了荷球运动专项课程。

2007年7月2日，中国国家荷球集训队在新西兰基督城参加2007年亚洲暨大洋洲青年荷球锦标赛，包括国家体育总局社体中心和参赛院校组成的官员、领队、教练组等共10人。为研究如何更好地在我国高校尽快开展和普及荷球运动，还在此次比赛期间召开了专题会议，同时还发起了一项倡议：申报成立“中国大学生体育协会荷球分会”筹委会设想，这就是中国高校荷球发展史上具有里程碑意义的“基督城会议”。

2007年8月6日，中国大学生体育协会荷球分会（以下简称大学生荷球分会）预备会议在天津科技大学举行，会议讨论了有关申请成立大学生荷球分会的有关事宜，中国大学生体育协会联合秘书处领导对本次会议作出重要指示。

2007 年 11 月，由天津科技大学牵头，起草申报成立大学生荷球分会及相关单位的整套文件，并上报中国大学生体育协会联合秘书处。

2008 年 12 月 5 日至 10 日，经中国大学生体育协会批准，由大学生荷球分会 (筹) 主办，河南省教育厅体卫艺处、北京亚特拉斯协办的第一届全国大学生合球锦标赛在郑州大学新校区举行，见图 2-1-1。来自全国 14 所高校的 200 多名男女运动员参加了本届锦标赛。经过六天的激烈角逐，天津科技大学、郑州大学分别获得甲、乙组冠军；郑州大学、广东技术师范学院、河南交通职业技术学院、华中农业大学获得“体育道德风尚奖”。

图 2-1-1 第一届全国大学生合球锦标赛全区组冠军队天津科技大学

郑州大学从 2009 年开始，招收全日制体育教育训练学专业荷球方向硕士研究生 (学制三年)，标志着郑州大学成为我国第一个招收荷球方向硕士研究生的大学。2010 年郑州大学招收全日制体育学专业荷球方向硕士研究生 (学制两年)，填补了荷球运动在我国体育学专业硕士培养这一领域的空白。

2009 年 4 月 4 日，由内蒙古科技大学承办的全国第十期暨第一期高校荷球教练员、裁判员培训班在包头市举行。本次培训班邀请了宾 • 克兰姆、亚大荷协秘书长谢芳怡女士和郑州大学马襄城担任主讲教师。

2009 年 12 月 20 日，第一届大学生荷球分会年会在重庆市西南大学落下帷幕。中国大学生体育协会秘书处项目主管，大学生荷球分会 (筹) 成员参加了会议。会议讨论了 2010 年的工作安排及会标征集等工作。此次会议对我国高校普及和发展荷球运动、提高荷球运动竞技水平起到了积极的推动作用。

第一届全国大学生荷球锦标赛和第一期高校荷球教练员、裁判员培训班的举行，以及首届大学生荷球分会年会，标志着我国高校荷球运动的发展步入正规化、规范化管理。

2010 年 11 月 1 日至 5 日，由大学生荷球分会 (筹) 主办，陕西省教育厅和北京亚特拉斯协办，陕西科技大学承办的第二届全国大学生荷球锦标赛如期举行，经过五天的激烈角逐，西南大学、天津科技大学、郑州大学分别获得前三名。

12 月 4 日，2010 年大学生荷球分会（筹）年会在陕西科技大学举行。

2011 年 8 月 3 日至 7 日，黑龙江八一农垦大学举行了第三届全国大学生荷球锦标赛，天津科技大学获得冠军。

2011 年 12 月 26 日至 28 日，2011 年全国大学生体育协会荷球分会年会在上海大学召开。

2012 年 12 月 28 日至 30 日，由海南师范大学承办的 2012 年全国大学生体育协会荷球分会年会在海口召开。

2013 年 7 月 18 日至 22 日，由大学生荷球分会（筹）主办、内蒙古科技大学承办、北京亚特拉斯协办的第四届全国大学生荷球锦标赛在内蒙古科技大学举办。本届锦标赛分甲、乙组两个组别进行。经过五天的赛程，天津科技大学、西南大学、河南理工大学分别获得乙组前三名；广州大学、黑龙江八一农垦大学、青岛黄海学院分别获得甲组前三名。

2014 年，第五届全国大学生荷球锦标赛暨第三届全国青少年荷球锦标赛于 7 月 18 日至 22 日在辽宁省辽阳市第二高级中学举行，共 18 支代表队参赛，包括 9 支大学代表队和 9 支中学代表队。比赛分为大学组和中学组，各组的冠军分别是大学乙组的西南大学队、甲组（单区）的广州大学队；中学乙组的营口第九中学队、甲组（单区）的辽宁营口实验高级中学队。

2014 年 12 月 17 日，2014 年全国大学生荷球分会年会暨中国高校荷球运动发展十周年表彰大会在昆明理工大学津桥学院召开，见图 2-1-2，会上对为中国高校荷球运动发展十周年作出贡献的单位和个人进行了表彰，突出贡献奖集体奖获得者的代表为天津科技大学刘黎明老师，突出贡献奖个人获得者的代表为郑州大学马襄城老师，最佳教练员的代表为广州大学张怀钊老师，最佳裁判员的代表为浙江绍兴文理学院傅振磊老师等获奖代表发言。

图 2-1-2　中国高校荷球运动发展十周年表彰大会

2015 年 4 月 15 日，第一届世界大学生荷球锦标赛在英国诺维奇市东安格利亚大学举行，以天津科技大学为主组成的中国大学生荷球队赴英国参加了本次比赛，最终获得第五名，见图 2-1-3，这也是中国大学生第一次参加世界大学生荷球比赛。

图 2-1-3　中国大学生荷球队赴英国参加第一届世界大学生荷球锦标赛

第二节　中国高校荷球运动发展新时代

一、中国高校荷球运动发展迈进新时代

2015 年 6 月 18 日，中国大学生体育协会荷球分会成立大会在天津科技大学隆重召开，其会标见图 2-2-1。时任中国大学生体育协会专职副主席王刚、天津市人民政府教育督导室督学戈金亭、天津科技大学副校长张建国出席了成立大会。全国大学生荷球协会会员单位代表、中学生荷球开展学校代表、入选第一届全国学校荷球论文报告会论文获奖作者参加了本次会议。

图 2-2-1　中国大学生体育协会荷球分会会标

会上，天津科技大学当选为大学生荷球分会主席单位，见图 2-2-2；郑州大学、西南大学、河南理工大学、广州大学、内蒙古科技大学、绍兴文理学院、长安大学当选为副主席单位；天津科技大学副校长张建国当选为大学生荷球分会主席，黄津虹当选为大学生荷球分会秘书长。中国大学生体育协会专职副主席王刚向天津科技大学成为首届主席单位表示祝贺，

他指出，希望大学生荷球分会能够加强自我管理，加强沟通协调，严格遵循《中国大学生体育协会荷球分会工作细则》积极改革创新分会工作，扩大会员覆盖面。大学生荷球分会的成立标志着中国高校荷球运动进入了一个崭新的发展阶段。

图 2-2-2　大学生荷球分会成立大会在天津科技大学召开

时任中国大学生体育协会专职副主席的王刚为天津科技大学授牌并颁发证书，大学生荷球分会主席张建国为副主席单位颁发聘书。与会人员共同参观了天津科技大学校史展并观摩了全国荷球训练基地，见图 2-2-3。18 日下午，第一届全国学校荷球论文报告会在天津科技大学举行，共收到论文 49 篇，经过认真评选共有 12 人荣获一等奖。

图 2-2-3　大学生荷球分会成立大会参会代表合影

2015 年 7 月 16 日至 20 日，第七届全国大学生荷球锦标赛暨第六届全国学生 CUKA 荷球锦标赛在河南理工大学举办，见图 2-2-4，共有来自全国 21 支队伍参赛，天津科技大学、郑州大学、西南大学分别获得乙组前三名，长安大学、青岛黄海学院、郑州轻工业学院分别获得甲组前三名。

图 2-2-4　第七届全国荷球锦标赛暨第六届全国学生 CUKA 荷球锦标赛开幕式

2015 年 10 月 30 日至 11 月 9 日，第十届世界荷球锦标赛在比利时举行。参加本次比赛的中国国家荷球队由天津科技大学、郑州大学的荷球队员组成。本届比赛，中国队取得历史性突破，获得第七名的历史最好成绩；同时取得 2017 年荷兰世界运动会荷球项目参赛资格，这是中国荷球发展 11 年来首次获得世界运动会参赛资格。天津科技大学的尹靖怡入选世界全明星阵容，获得“最佳女投手”称号，成为我国第一位入选世界全明星阵容的运动员。

2015 年 12 月，大学生荷球分会年会在长安大学举行，会议传达了大学生体育协会相关文件精神。

大学生荷球分会于 2016 年 4 月 15 日至 17 日，在天津科技大学举行全国学校荷球教练员、裁判员培训班，见图 2-2-5。国际荷球总会副主席、亚洲荷球联盟主席、国际荷球联合会精英级教练培训讲师黄英哲、时任大学生荷球分会主席的张建国、大学生荷球分会秘书长黄津虹，以及全国学校荷球教练员、裁判员出席开班仪式。

图 2-2-5　全国学校荷球教练员、裁判员培训班

本次全国学校荷球教练员、裁判员培训班为期三天，包括课程理论培训，荷球战术、

技术与体能训练，裁判员实习，教练、裁判员总结研习等内容，50余名学员经考核合格颁发“国际荷球教练员、裁判员”培训证书。值得一提的是，其中13位优秀学员取得了国际荷球联合会颁发的“一级国际荷球教练员”证书，开创了中国多人次获得国际荷球联合会认证的一级国际荷球教练员的先河。

2016年7月9日至17日，第七届U23荷球世界锦标赛在捷克举办。由郑州大学师生组成的国家荷球队集训队，经过八天的激烈角逐，获得世界第五名的历史最好成绩，为国家赢得了荣誉。

2016年，第七届全国大学生荷球锦标赛于7月22日至26日在广州大学举行，见图2-2-6，本次比赛共有来自全国17支球队230名参赛人员参与，进行了37场的激烈角逐。最终，天津科技大学获得大学乙组(全区)冠军，长安大学斩获大学甲组(单区)冠军，重庆市经贸中等专业学校获得中学甲组(单区)冠军。

图2-2-6　第七届全国大学生荷球锦标赛比赛瞬间

本次比赛最大的特点是大学生荷球分会联合承办单位广州大学首次对比赛主要场次进行了网络直播和微信公众平台推送，达到了很好的宣传推广效果。

2016年11月26日，大学生荷球分会2016年年会在上海出版印刷高等专科学校圆满举行。2016年新吸收会员单位有南昌师范学院和广州工商学院。

2017年1月14日，国际荷球联合会批准在郑州大学成立国际荷球发展研究中心。4月21日，在郑州大学举行“国际荷球发展研究中心”揭牌仪式。目前，这是世界上唯一一个国际性的荷球专门研究机构。

2017年7月21日至25日，第十届世界运动会在波兰弗罗茨瓦夫市举行，见图2-2-7，来自欧洲、亚洲、大洋洲多个国家的代表队参加了比赛。此次出征参赛的中国荷球运动员由天津科技大学、郑州大学、西南大学的16名运动员组成。中国队在第二阶段的交叉赛中力克英国队与澳大利亚队，最终获得第五名，创造了中国荷球队在世界运动会上的历史最好成绩。国际荷球联合会、亚洲荷联、荷兰皇家荷球协会、郑州大学、天津科技大学分别对中国荷球队的快速成长表示欣慰，对中国荷球队取得的成绩表示祝贺。央视体育频道(CCTV 5)对本次比赛进行了专题报道。

图 2-2-7 第十届世界运动会荷球比赛在波兰弗罗茨瓦夫市举行

2017 年 8 月 14 日至 19 日，第九届全国荷球锦标赛暨第八届全国大学生荷球锦标赛在深圳市龙岗区龙城高级中学圆满举行。此次比赛共有 11 个省 (市、区)18 个单位的 20 支队伍参赛。最终西南大学、天津科技大学、郑州大学本源队分别获得全区比赛前三名；青岛黄海学院、长安大学、昆明理工大学津桥学院分别获得半区比赛前三名。

2017 年 11 月 25 至 26 日，2017 年全国大学生荷球分会年会在广西幼儿师范高等专科学校召开。

第九届全国学生荷球锦标赛于 2018 年 7 月 18 日在青岛黄海学院开幕，见图 2-2-8，共有包括中国香港、中国台湾在内的省 (市、区)25 个单位的 30 支队伍，共计 360 名教练员、运动员参赛，分为大学生乙组 (八人制)、大学生甲组 (四人制)、中学生甲组 (四人制) 三个组别进行比赛。经过五天 70 余场比赛的激烈角逐，西南大学获得大学生乙组冠军，青岛黄海学院获得大学生甲组冠军，营口南楼中学获得中学生甲组冠军。

图 2-2-8 第九届全国学生荷球锦标赛

本次比赛期间还同时召开了大学生荷球分会理事会议，会上接收广西幼儿师范高等专科学校、营口理工学院等高校新会员入会。

2018 年大学生荷球分会年会于 2018 年 12 月 1 日至 2 日在浙江传媒学院举行。会上接收唐山学院、石家庄学院等高校新会员入会。

2019 年全国荷球锦标赛暨第十届全国学生荷球锦标赛，于 7 月 18 日至 22 日在内蒙古伊金霍洛旗体育中心召开并取得圆满成功。此次比赛对组别设置进行了改革，大学生组划分为单区 A 组（体育院、系）、单区 B 组（普通生），共设置了大学单区 A 组和单区 B 组、大学全区组及中学全区组。这种分组形式给参赛者提供了一个更加公平的竞争机会，更能体现荷球运动的“平等”意识，同时也使得比赛更加激烈、更加精彩。参加此次比赛的队伍多达 30 支，参赛运动员达到 386 人之多，并且有中国香港、中国澳门、中国台湾的队伍参加。本次比赛不管从参赛队伍、参赛人员、还是从比赛规模来说都是历史最大的一次。

经过 5 天 85 余场比赛的激烈角逐，最终郑州大学本源队获得大学全区组冠军，广州大学获得大学单区 A 组冠军，青岛黄海学院获得大学单区 B 组冠军，营口南楼中学获得中学全区组冠军。

第十届大学生荷球分会年会于 2020 年 1 月 4 日至 5 日在西南大学举行，见图 2-2-9。会上接收四川大学入会。

图 2-2-9　第十届大学生荷球分会年会在西南大学举行

2019 年 8 月 1 日至 10 日第十一届世界荷球锦标赛在南非德班举行，见图 2-2-10。中国荷球队由来自郑州大学、天津科技大学、西南大学、石家庄学院等高校的教练员、运动员共同组成。经过团结协作、奋力拼搏，最终获得第四名的优异成绩。世界荷球锦标赛是世界范围内最高水平、最大规模的荷球比赛。世锦赛第四名的成绩也让中国成功获得 2022 年 7 月美国伯明翰世界运动会荷球项目的参赛资格。这也是中国荷球和高校学子顽强拼搏、永不放弃精神的体现。

图 2-2-10　第十一届世界荷球锦标赛在南非德班举行

2019 年 8 月 9 日 中国驻南非德班总领馆邀请中国荷球队全体教练员、运动员座谈。费明星总领事及领馆全体工作人员对中国荷球队本次比赛的优异表现大加赞赏，对中国荷球队取得的优异成绩表示祝贺。

2022 年 7 月，第十一届世界运动会在美国伯明翰举行，来自欧洲、亚洲、大洋洲多个国家参加了荷球比赛。此次出征参赛的中国荷球队运动员由郑州大学的学生组成，最终获得第五名的优异成绩。

2022 年 11 月 25 日至 12 月 5 日，由国际荷球联合会主办、泰国荷球协会承办的 2022 年亚洲暨大洋洲荷球锦标赛在泰国芭提雅举行，以郑州大学组队代表中国队参赛。在比赛中，中国队顽强拼搏、追求卓越，在赛场上展现出了良好的精神面貌和不屈不挠的精神，以小组赛全胜战绩出线，在交叉赛中力克澳大利亚队晋级决赛，并获得亚军，同时获得 2023 年世界荷球锦标赛的参赛资格。

全国大学生荷球锦标赛成绩见表 2-2-1。

表 2-2-1　全国大学生荷球锦标赛成绩一览表

届 次	时 间	地 点	比赛成绩 (冠军队伍)
第一届	2008.12	郑州大学	甲组：天津科技大学 乙组：郑州大学
第二届	2010.12	陕西科技大学	西南大学
第三届	2011.07	黑龙江八一农垦大学	天津科技大学
第四届	2013.07	内蒙古科技大学	乙组(全区)：天津科技大学 甲组(单区)：广州大学
第五届	2014.07	辽阳市第二高级中学	乙组(全区)：西南大学 甲组(单区)：广州大学
第六届	2015.07	河南理工大学	乙组(全区)：天津科技大学 甲组(单区)：长安大学
第七届	2016.07	广州大学	乙组(全区)：天津科技大学 甲组(单区)：长安大学

续表

届 次	时 间	地 点	比赛成绩 (冠军队伍)
第八届	2017.08	深圳龙岗	乙组(全区)：西南大学 甲组(单区)：青岛黄海学院
第九届	2018.07	青岛黄海学院	乙组(全区)：西南大学 甲组(单区)：青岛黄海学院
第十届	2019.07	内蒙古伊金霍洛旗	乙组(全区)：郑州大学本源队 单区A组：广州大学 单区B组：青岛黄海学院
第十一届	2023．04	吉林长春	丙A组(全区)：郑州大学本源队 丙B组(单区组)：郑州大学 甲组(单区组)：广州工商学院

自荷球运动引入我国以来，共举办了超过 30 期全国荷球运动教练员、裁判员培训班，对来自全国近 20 个省（市、区）的 1600 余名高校、中学体育教师以及运动员进行了培训。目前，北京、天津、上海、重庆、四川、河北、河南、安徽、湖北、湖南、浙江、广东、陕西、吉林、内蒙古、贵州、黑龙江、辽宁、云南、广西、山东、江西、甘肃、中国台湾、中国香港、中国澳门等省（自治区、直辖市）和地区高校与中、小学校相继开展了荷球运动，荷球的全国赛事已形成惯例和规模。

2020—2022 年因故，大学生荷球分会全年的工作未能如期开展。

由中国大学生体育协会主办、大学生荷球分会执行、长春新区商务与文化旅游局和吉林省奥飞文体集团有限公司承办、奥飞文体产业发展有限公司协办、营口凯弗斯乐体育文化传媒有限公司支持的第十一届中国大学生荷球锦标赛，于 2023 年 4 月 23 至 25 日在吉林省长春市举行。4 月 23 日上午，第十一届中国大学生荷球锦标赛在吉林省长春奥林匹克公园体育馆开幕，见图 2-2-11。

图 2-2-11　第十一届中国大学生荷球锦标赛在长春奥林匹克公园体育馆开幕

来自天津科技大学、郑州大学、西南大学、长安大学、四川大学等13所院校的14支队伍160余人报名参加了本届比赛。比赛为期三天，分为全区赛丙A组、半区赛丙B组。经过激烈角逐，最终郑州大学本源队获得全区赛丙A组冠军；郑州大学获得半区赛丙B组冠军；广州工商学院获得半区赛甲组冠军；天津科技大学、上海大学、营口理工学院三所高校获得“体育道德风尚奖”。

本届荷球锦标赛是新冠疫情三年后的首次全国大学生荷球赛事，不仅有利于恢复全国荷球学习和交流，还有利于提高全国荷球运动技战术整体水平，活跃校园文化生活，进而推动高校阳光体育的开展，同时也对促进中国荷球运动的普及和发展起到积极推动作用。本届荷球锦标赛也是新一届全国大学生荷球分会换届后的首次全国荷球赛事，不仅体现了新组织领导机构的责任与担当，还标志着我国大学生荷球运动发展掀开了新篇章。本届荷球锦标赛还是市场化运营模式的首次全国大学生荷球赛事，为全国大学生体育赛事改革提供了新思路，也为体育融合发展贡献了新智慧。

截至2023年5月，共举办十一届全国大学生荷球锦标赛以及全国学生荷球锦标赛，十届全国大学生荷球分会年会。

二、中国高校荷球运动发展新篇章

2021年，按照中国大学生体育协会的安排，全国38个分会，分三批完成了单项分会换届工作，2021年11月大学生荷球分会作为第三批换届单位，在中国大学生体育协会的领导下圆满完成此项换届工作，天津科技大学再次当选全国大学生荷球分会主席单位挂靠学校，天津科技大学高发明副校长任荷球分会主席，黄津虹教授连任荷球分会秘书长。

2023年2月28日，新一届大学生荷球分会换届大会在天津海景花园酒店举行，见图2-2-14、图2-2-15。中国大学生体育协会联合秘书处副秘书长、大学生体育协会副主席兼秘书长张爱龙，天津市委教育工委委员、市教委副主任郝奎刚，天津科技大学党委常委、副校长高发明，天津科技大学体育教学部教授、中国大学生荷球分会秘书长黄津虹等领导及中国大学生体育协会会员高校代表出席换届大会。中国大学生体育协会事务部主任李兵主持会议。

图2-2-14　大学生荷球分会新一届主席单位授牌仪式

图 2-2-15　新一届大学生荷球分会换届大会在天津海景花园酒店召开

大会宣读了《中国大学生体育协会关于荷球分会换届的决定》，并为天津科技大学授牌。国际荷球联合会，亚洲荷球联盟，国家体育总局社体中心以及中国荷球协会(筹)纷纷发来贺信，对天津科技大学连任荷球分会主席单位表示祝贺。换届大会结束后，与会高校成员代表围绕我国荷球项目推广进行了深入研讨，代表们各抒己见、畅所欲言，积极为我国荷球运动的发展献计献策。

第三节　中国高校荷球运动发展趋势

中国高校荷球运动发展趋势如下：

(1) 体教融合，大力发展大中学校荷球事业。

荷球作为传入中国内地的一项新型球类运动项目，目前主要在全国高校和部分中学开展，大学生荷球将对中国荷球事业的发展起着决定性的作用。今后应从两个方面入手发展大中学校荷球事业：一是抓尖端体育人才培养工作，完善从中学生到大学生，再到国家集训队的人才培养体系，为国家集训队输送人才；二是抓校园荷球普及工作，积极提高大学生荷球参与人数，开展高校与高校之间、高校与中学之间的交流活动，让荷球走向社会，走向全民。

(2) 进一步深化改革高校荷球比赛的组织形式和参赛办法，积极开展高校荷球体育活动，精心组织并打造精品赛事。

今后应从三个方面入手进一步深化改革：一是在大学生全区组比赛和国际比赛接轨中采用四节赛制的基础上，大力发展单区组(4 人制)比赛规模，让更多的高校大学生能够参加全国及省市级荷球比赛；二是各会员学校应积极开展荷球教学工作，参与相关培训和推广活动，主动承办赛事，积极参加比赛。随着开设荷球课程以及开展荷球联赛的学校越来越多，这将会吸引和带动更多的大学生投身荷球运动，不但有利于提高大学生的身体素质，养成健康文明的生活方式，还有利于促进大学生的身心健康；三是将努力实践多种主题活动，落实立德树人、思政学习、红色教育等育人理念。

(3) 加强裁判员、教练员队伍建设。

荷球运动发展至今，通过体育总局社体中心与大学生荷球分会的共同培养，我国已有多名国际级裁判员及国家级裁判员，他们始终活跃在国际、国内各级比赛之中。但相比荷球竞赛发展的速度，高级裁判员的培养质量和数量还有待提高。今后重点工作之一，是积极开展全国高校裁判员、教练员培训工作，邀请国际荷球专家授课，经过系统化的培训，逐步完善高校裁判队伍的管理和提高整体裁判执法的水平。在国家体育总局和大学生体育协会的管理和指导下，要加快完善荷球裁判员培训和等级审批制度。

(4) 增强与国际荷球联合会及亚洲荷球协会的合作和交流。

我国是国际荷球联合会批准的第 45 个加入国际荷联并成为正式会员国的国家，应积极开展国际之间的比赛和交流，以及教练员、裁判员的培训活动；积极组织国家荷球队参加世界运动会，世界荷球锦标赛，以及亚洲暨大洋洲荷球锦标赛，U21、U19 荷球锦标赛等赛事；积极发挥窗口作用，通过荷球运动向世界展现中国大学生的风采。

1. 我国高校荷球运动是什么时候开展的？中国大学生荷球分会成立于哪一年？
2. 简述我国高校荷球运动的发展历程。

第三章　荷球运动的基本技术

学习提要与目标

荷球运动技术是荷球运动的基本组成部分，本章主要介绍移动技术、传接球技术、投篮技术、防守技术及组合技术等。通过学习以上荷球专有技术动作，要求了解并掌握荷球运动的技术特点，清楚荷球运动区别于其他球类运动的技术关键，为继续学习荷球运动打下良好的基础。

第一节　移动技术

移动技术是所有荷球运动技术的开端和基础，掌握正确合理的移动技术对参与荷球运动至关重要，下面对一些常用移动技术及练习方法进行介绍(以右手持球为例)。

一、基本站立姿势

荷球运动员的脚步动作多种多样，其根本目的是使身体发生位置、方向、速度和高度的变化。因此，在比赛中，为了使荷球运动员的身体能够适应快速、突然的变化，必须保持一个合理的基本站立姿势。

1. 进攻的基本站立姿势

动作要领(见图3-1-1)：两脚平行或斜向开立，与肩同宽，脚尖向前，膝关节微屈稍内扣，脚跟稍提起，支撑点在两前脚掌，上体稍向前倾，身体重心落于两脚之间，两臂屈肘自然置于体侧，抬头，两眼注视目标。

正面基本站立姿势

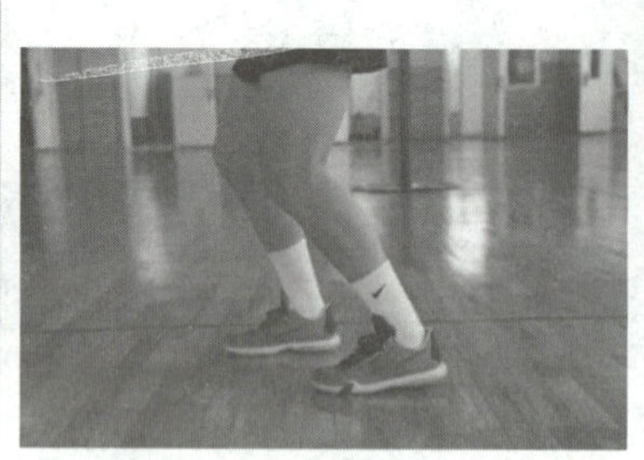
腿部特写

侧面基本站立姿势

图 3-1-1　进攻的基本站立姿势

2. 防守的基本站立姿势

动作要领(见图3-1-2)：身体侧面对准被防守人，两脚平行开立，距离略宽于肩，两脚尖自然分开，前(右)腿膝盖弯曲角度小于后腿，身体重心落于后(左)腿，前臂伸直指向被防守人胸前，后手臂自然垂于体侧。

图 3-1-2　防守的基本站立姿势

二、各种移动技术

移动是运动员在荷球比赛中为了改变身体的位置、方向和控制速度变化所采取的动作方法。无论是进攻还是防守，持球或无球，都需要通过移动来达到目的。在进攻中，通过移动可以摆脱对手获得自由位置，以便完成传接球、投篮和抢球等技术动作。在防守中，利用脚步动作可以有效地防止对手的摆脱，以便合理地运用防守的技术动作来限制对手的进攻。在荷球比赛中，移动技术的种类很多，但最常用的有起动、跑、跳、急停、滑步等。

1. 起动

动作要领(见图3-1-3)：基本站立姿势开始，起动时(向前起动)一脚用力蹬地，身体前倾，身体重心随之向起动方向移动；另一脚迅速跨步，紧随的前几步要小而快，同时手臂协调配合，积极摆动，以提高跑动的速度。

图 3-1-3　起动

2. 跑

荷球比赛中，跑是争取时间、摆脱防守、更快获得适合的地面位置的主要手段。进攻时，跑是为了接到同伴的传球，快速地奔跑抢占有利位置，摆脱防守者获得得分的机会；防守中，跑是为了保持合理的防守位置，抢占有利位置争取获得球权的机会。常用的跑动方法有变速跑、变向跑、侧身跑、后退跑、交叉步跑等。以下主要介绍变速跑、变向跑、侧身跑的动作要领。

1) 变速跑

动作要领(见图3-1-4)：由慢跑变快跑时，上体前倾，前脚掌短促有力地向后蹬地，同时迅速摆臂，前两三步的步幅要小，加快跑的频率。由快跑变慢跑时，上体抬起，步幅加大，用前脚掌抵地，减缓冲力，从而降低跑动的速度。

图 3-1-4　变速跑

2) 变向跑

动作要领(见图3-1-5)：以右向左变向跑为例，跑动中最后一步用右脚前脚掌制动，脚内侧蹬地，屈膝，脚尖稍向内扣，腰部随之左转，重心左移，上体稍前倾，同时左脚向左前方跨出一小步，右脚再迅速向左脚的侧前方跨出一大步。

图 3-1-5　变向跑

3) 侧身跑

动作要领(见图3-1-6)：跑动中，头部和上体向场内或向有球的一侧扭转，身体重心前移，脚尖和膝部朝着跑动方向，上体侧转，两臂自然摆动，两眼注视场地，随时准备接球。

图 3-1-6　侧身跑

3. 跳

跳是指运动员在荷球场上争取高度和远度的一种动作方法。完成投篮、抢球和断球动作都要求运动员具有良好的跳的技术。跳的方法有向前、侧跳，向上跳等。

1) 向前、侧跳

动作要领(见图3-1-7)：起跳时，踏跳腿屈膝，前脚掌用力蹬地，上体前或侧倾，身体重心向前或侧移动并超越支撑点，腾空后充分展体、抬头，两眼注视目标。落地时，踏跳脚先着地，屈膝缓冲，以保持身体平衡。

图 3-1-7　向前、侧跳

2) 向上跳

动作要领：起跳时，踏跳腿屈膝，降低身体重心，然后由踏跳脚后跟过渡到前脚掌用力向上蹬地，上体伸直，手臂协调上摆，使身体重心升高，另一脚自然屈膝抬起。落地时，踏跳脚先着地，屈膝缓冲，降低身体重心，以控制身体平衡。

4. 急停

急停是指运动员在移动中，把行进的速度骤然停止的一种控制身体的动作，常在为摆脱对手、接球和接球后投篮时使用。急停分为两步急停（跨步急停）与一步急停（跳步急停）。

1) 两步急停

动作要领(见图3-1-8)：急停时的第一步跨出稍大，脚跟先着地，然后前脚掌撑地，脚尖由向前方转为向侧前方，同时重心下降，落在后脚上，身体稍向后坐，以减缓向前的冲力。第二步着地时，前脚掌内侧用力蹬地，脚尖稍向内转，两膝弯曲并内收，上体稍前倾，重心落在两脚之间，两臂屈肘张开，帮助控制身体平衡。

图 3-1-8　两步急停

2) 一步急停

动作要领(见图3-1-9)：急停前轻跳离地，上体稍向后倾，接着双脚平行落地，落地时由脚后跟迅速过渡到全脚掌，两膝弯曲前顶，重心下降，两脚抵住地面，克服向前的冲力。

图 3-1-9 一步急停

5. 滑步

滑步是运动员在防守时移动的主要动作方法。滑步易于保持身体平衡、转移重心和向任意方向移动，所以经常采用这种移动技术来阻截对手的移动，以保持自己有利的位置和及时起动。滑步的种类有横滑步、向前滑步、后撤步。

1) 横滑步

动作要领(见图3-1-10)：两脚平行站立，两膝弯曲，上体微向前倾，两臂张开。向左侧滑步时，右脚前脚掌内侧蹬地，左脚向左(移动方向)跨出，在落地的同时，右脚紧随滑动，靠近左脚，两脚不要交叉，左脚再继续跨出。在滑步移动时，要注意保持屈膝低重心的姿势，身体不要上下起伏，重心保持在两脚之间，眼要注视对手。向右侧滑步时，脚步动作相反。

图 3-1-10 横滑步

2) 前滑步

动作要领(见图3-1-11)：由前后站立姿势开始。向前滑步时，后脚的前脚掌内侧蹬地，前脚向前跨出一小步，着地后，后脚紧随着向前滑动，保持前后开立姿势。在滑步移动时，要注意屈膝，降低重心。

图 3-1-11　前滑步

3) 后撤步

动作要领(见图3-1-12)：撤步时，前脚掌内侧蹬地，腰部用力向后转动，同时后脚碾地，前脚后撤，紧接滑步，保持防守姿势和位置。

后撤步是变前脚为后脚的一种步伐方法。多在防守中使用，防守队员为了保持有利的防守位置，特别是当进攻队员从自己前脚外侧切过或摆脱对手时，常需要用后撤步移动来保持防守位置。

图 3-1-12　后撤步

6. 移动的练习方法

移动的练习方法主要有：

(1) 原地站立，听信号做起动跑、侧身跑、变速跑的练习。

(2) 听信号做不同方向变向跑的练习。

第二节　传接球技术

由于荷球竞赛规则不允许运球和持球移动，于是传接球是使球移动起来的唯一方法。在比赛中，运动员之间有目的地转移球所采用的传、接、抛、掷和接取动作，是得分的前提条件，也是获得比赛胜利的基础。荷球运动的团队精神是通过传接球技术展现出来的。因为不允许运球和持球移动，可以有效地避免单干情况的发生。在比赛中，传接球是运用最多的技术，它是进攻队员在场上相互联系、沟通和组织进攻的纽带。

一、传球技术要素

传球技术是指持球队员将球传给队友所采用的各种方法的总称。传球经常是在对手严密防守的情况下进行的，因此在传球时，要做到安全、隐蔽、及时、准确、易接和多变。无论采用哪一种传球方法，从整个传球过程来看，都是由传球的持球手法、传球用力、球的飞行路线和球的落点四种要素组成的。

1. 持球手法

持球手法是指手持握球的方法。持球手法有单手持球和双手持球两种方法。

1) 单手持球

动作要领(见图3-2-1)：手指自然分开，用手掌外沿和指根以上部位托球，掌心空出。

图 3-2-1　单手持球

2) 双手持球

动作要领(见图3-2-2)：两手手指自然分开，拇指相对成八字形，用指根以上部位及手掌外沿触球的两侧后下方，掌心空出，两臂屈肘自然下垂，置球于胸腹之间。

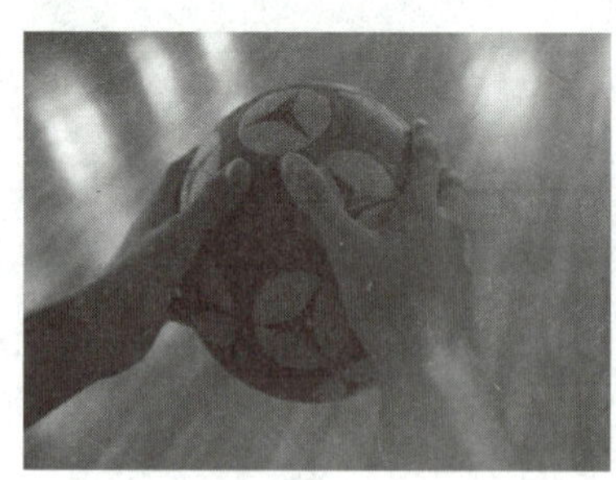

图 3-2-2　双手持球

2. 传球用力

传球时，要通过下肢蹬地、跨步、腰腹综合用力及上下肢协调配合产生合力，然后通过手臂、手腕和手指拨球的力量将球传出。如果说持球手法是传球的基础，那么合理的用力则是提高传球技术的关键。

3. 球的飞行路线

通过不同的方式和手法传出的球的飞行路线有三种，即直线、弧线、折线。进攻队员要根据场上的情况判断采用哪种形式。例如，若传出的球需要从身体两侧绕过或空中越过对手，则应采用弧线；若队友已出现空档或在行进间跑动，则采用直线较多；若要将球传给切入队员球时，为防止对方抢断，多采用折线。总之，进攻队员要随机应变、准确地掌握传球时机，合理地选择球的飞行路线，这样才能使队友顺利地接到球。

4. 球的落点

球的落点是指传出的球与接球人的相遇点。传球时，要针对接球人及防守人所处的位置、移动的方向和速度以及接球人的意图等情况来考虑传球的速度、力量、路线和落点。球的落点要远离接球人的防守人，同时要有利于接球人接球后能顺利地完成下一个进攻动作。球落点的时间应与接球人摆脱防守人后创造的进攻机遇的时间相吻合，即人到球到。

二、传球技术的动作方法

传球技术的动作方法包括单手传球和双手传球两种，既可以在原地运用，也可以在行进间运用。

1. 单手传球

单手传球是荷球比赛中最主要的一种传球方法，主要靠大臂的摆动，是一种中远距离的传球方法。传球时力量越大，球的飞行速度越快。常在比赛开始、换区时或者大范围转移球时采用此种方法。

动作要领(见图3-2-3)：单手将球引至肩上方(与头齐平或略高于头)，同时上体稍侧转，手臂尽量伸展，手腕稍向后仰。传球时，转体，挥摆大臂，手腕向前屈，用食指、中指、无名指拨球，将球传出。注意要尽量减少挥摆大臂的幅度。

图 3-2-3 单手传球

2. 双手传球

1) 双手胸前传球

双手胸前传球是荷球比赛中常采用的一种传球方法，具有准确性高、容易控制落点、球速较快、便于变化成投篮动作等优点。当接球目标远离传球人时，需要全身协调用力，特别是结合下肢的跨步蹬地、摆臂的力量。传球时，下肢蹬地发力，并将力量依次上传至上肢，最终用手腕、手指将球传出。传球的距离越远，蹬地跨步、伸大臂的幅度越大。

动作要领(见图3-2-4)：双手持球于胸腹之间，两肘自然下垂靠近身体两侧，身体呈基本站立姿势，眼平视传球目标。传球时，后脚蹬地发力，身体重心前移，两臂前伸，两手腕随之内旋，用食指、中指拨球，将球传出。

持球站立姿势　　球出手前侧身

球出手后

图 3-2-4　双手传球

2) 双手头上传球

这种传球方法主要在内外线队员相互转移球时使用，特别是持球队员给外线进攻队员传球时使用较多。

动作要领(见图3-2-5)：双手持球置于头上，两肘向后微屈。传球时，利用小臂前摆和手腕的甩动将球传出。若传球的距离较远，可增加蹬地、跨步和腰腹的力量。

图 3-2-5　双手头上传球

三、接球技术

有传必有接，接球和传球一样，在进攻中起着非常重要的作用，好的接球技术不仅会给防守方造成极大的威胁，还能够很顺利地衔接完成下一个攻击动作。接球技术有双手接球和单手接球两种。

1. 双手接球

双手接球是一种使用最多的接球方法，具有接球稳、接球牢、易于掌握等优点，同时双手接球便于传球后迅速衔接投篮动作和下次传球。

动作要领(见图3-2-6)：两眼注视来球，两臂迎球伸出，双手手指自然分开，拇指相对成八字形，两手成一个半圆形。当手触球时，两臂顺势收回以缓冲来球的力量，两手持球于胸腹之间。

图 3-2-6 双手接球

2. 单手接球

单手接球是运动员控球能力的体现。其特点是机动性好、灵活性强、控制范围大、不容易失去重心，便于衔接攻击性动作。

动作要领(见图3-2-7)：接球时，单臂伸出迎球，手指指向来球，当手指与球接触时，手腕放松，随球的方向后引以缓冲来球的力量。

图 3-2-7 单手接球

3. 传接球的练习方法

(1) 原地传接球练习。

目的：掌握基本动作，提高控制球的能力。

方法：成两列横队散开站立，两人一球进行对传练习。

要求：传球的落点在接球人的胸前，动作协调，接传球动作衔接要快，要充分利用下肢的力量。

(2) 移动中传接球练习。

目的：提高在移位过程中传接球的控制能力，掌握传球的时机和落点。

方法一：两人行进间传球练习。成两列队形，间隔 5 米，两人一组，一球。两人同时平行从荷球场一侧端线开始向另一侧端线侧身跑移动，移动中进行传接球，跑至荷球场另一侧端线后，以同样的方法返回出发处，进行往返练习。

方法二：四角传球练习。队员分为四组，每组不少于三人，纵列站在半场的四个角上(如图 3-2-8)。以两个球同时练习为例，a1 传球给 b1，并跑向 b1 接回传球，将球再传给 c1，然后跑到 c 组的队尾。同时 d1 传给 a2，并跑向 a2 接回传球，将球再传给 b2，然后跑到 b 组的排尾。如此连续进行练习，熟练后可增加至 3 个球或者更多的球以提高练习密度。

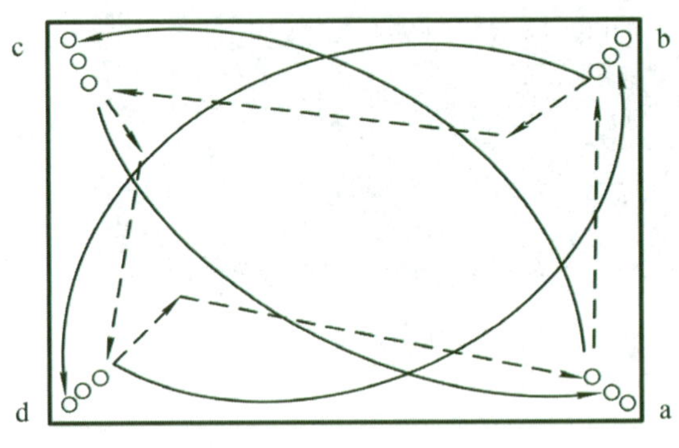

图 3-2-8

要求：传球人要注意单手传球的技术要领，控制球的落点。传球后，迅速侧身跑切入，目视来球，伸展手臂，准备接回传球。

注意：练习中注意观察队员掌握和练习情况，从一个球开始练习，在熟练掌握后可逐渐增加球的个数。

第三节 投篮技术

投篮技术是运动员将球投入篮筐的一种专门动作，是荷球比赛中唯一的得分手段。根据比赛的不同情况，投篮技术有不同的方法和形式。它是一切进攻技战术的最终目的和全部攻守矛盾的焦点。正确掌握并熟练地运用不同的投篮技术，是提高投篮命中率的必要条件。

一、投篮技术的分类

投篮是运动员在合法的位置上通过双手将球从篮筐的上沿投入到篮筐并完全穿过，所采用的各种方式和方法的总称。投篮技术主要分为以下几种：

(1) 定位投篮 (原地投篮)：包括双手投篮、单手投篮。

(2) 移动投篮：包括后退投篮及结合 V 形、L 形、N 形、M 形、W 形等不同移动路线的移位投篮。

(3) 切入上篮：包括切入双手上篮和切入单手上篮。

(4) 罚篮。

二、投篮技术的动作方法

1. 定位投篮

定位投篮 (原地投篮) 是根据投篮距离的远近、防守的具体情况，在非移动情况下使用的投篮方法。

1) 双手投篮

由于荷球比赛的场地与规则等要求，队员在投篮时大多都在距离篮筐较远的位置。对投篮人的力量要求较大，大多都采用双手投篮。其特点是投篮距离较远、便于协调用力、准确性较高、出手快、稳定性高，能够适应各种情况。

动作要领(见图3-3-1、图3-3-2)：两脚前后或左右开立，膝盖微屈，重心放在两脚之间，双手持球于胸前(适用于女队员)或头的前上方(适用于男队员)，肘关节自然下垂，目视篮筐。投篮时，两腿蹬伸，两臂将球向前上方推送，接近伸直时两手腕同时内旋，使球通过大拇指、食指和中指指端将球投出。

女队员投篮姿势

男队员投篮姿势

出手前侧身

图 3-3-1　双手投篮 (1)

球出手后，两手手心外翻，两手的食指指向球篮。

图 3-3-2 双手投篮 (2)

2) 单手定位投篮

单手定位投篮是指进攻队员在篮下近距离接到球后并且处于“自由位置”时常采用的一种原地投篮的动作方法，具有出手点高、出手速度快的特点，如图 3-3-3 所示。

正面姿势

侧面姿势

图 3-3-3 单手定位投篮 (1)

动作要领(见图3-3-4)：两脚左右或前后开立，屈膝，重心放在两腿中间，双手或单手持球于胸前或肩上。投篮开始时，两腿蹬伸，另一只手作为辅助手放在球的一侧，随着身体的伸展，伸臂，辅助手离球，顶肘，压腕，将球投出。

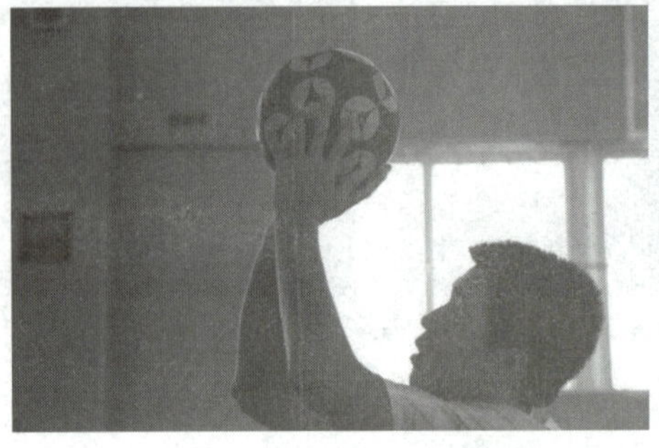

图 3-3-4 单手定位投篮 (2)

2. 移动投篮

荷球竞赛规则要求一对一防守，防守到一个手臂长的距离就是有效的防守，在这个防守范围内是不可以投篮的。为了获得自由投篮位置，进攻队员要通过不停地移动来摆脱防守人的合法防守位置，在接球后也要通过移动来获得投篮空间，这种在移动中完成的投篮动作叫作移动投篮。移动投篮具体包括后退投篮、V 形移动投篮、N 形移动投篮、L 形移动投篮等和切入上篮。以下主要介绍后退投篮、V 形移动投篮、N 形移动投篮。

(1) 后退投篮 (重点的投篮动作)：在防守人一对一的防守下，为了拉开与防守人一手臂长的距离获得自由投篮位置和投篮机会的动作。

动作要领(见图3-3-5)：以左脚起跳为例，左脚向后侧跨出一步，右脚快速向左脚并靠，左脚再向后侧跨出一大步，同时降低身体重心，左腿膝盖弯曲并快速蹬地起跳投篮。球出手后两脚同时落回起跳点。

图 3-3-5　后退投篮

(2) V 形移动投篮：为摆脱防守人取得投篮机会的重要基本技术动作，即通过改变速度、急停、变向加速等方法摆脱防守人取得自由投篮位置。由于移动路线如 V 形，所以又被称为“V 投”。

动作要领(见图3-3-6)：向篮下跑动中突然改变方向，变向时，外侧脚突然向前跨出，同时前脚掌内转，膝盖内扣，用前脚掌的内侧着地，着地瞬间用力蹬伸，将身体重心转移至另一跑动方向，通过前交叉步加速摆脱防守人，双手持球于胸前或头的前上方完成投篮动作。

图 3-3-6　V 形移动投篮

(3) N 形移动投篮：荷球运动中另一种摆脱防守人取得投篮机会的基本技术动作。它是在 V 投的基础上增加了一次移动，通过改变速度、急停、转身再做后退投篮来取得自由投篮位置。由于移动路线如 N 形，所以成为“N 投”。

动作要领(见图3-3-7)：摆脱队友向篮下跑动，造成切入的假象，在跑动的过程中突然急停后撤摆脱防守接球。后撤时，注意前脚掌内转，屈膝，用前脚掌的内侧撑地，随后做加速后退跑，根据防守人的重心移动情况，可以采用反复摆脱，形同“N”字。在摆脱防守后接球于胸前或头上方完成投篮动作。

图 3-3-7　N 形移动投篮

3. 切入上篮

切入上篮是指进攻队员摆脱防守后，向篮下切入的同时接队友的传球上篮的一种投篮方法。投篮方法可采用双手切入上篮和单手切入上篮两种。

(1) 双手切入上篮：进攻队员摆脱防守后，向篮下切入时接队友的传球，并采用双手托球上篮的一种跑动中的投篮方法，可采用一步上篮或两步上篮。双手切入上篮具有投篮稳、命中率高的优点，是荷球比赛中常用的一种快速移动中的投篮技术。

动作要领：以两步上篮为例。当球传来时，跨步接球落地后，另一只脚迅速上步，由脚跟着地迅速过渡到前脚掌，上体稍后仰，随着身体的向前冲力将水平速度变成垂直速度，同时另一条腿屈膝上提，双手托球于胸前向篮筐推送，在接近最高点时，双手手腕上挑使球向前滚动入筐。一步上篮与两步上篮的动作方法相同，只是在跨步接球落地后直接向上跳起完成投篮动作。

(2) 单手切入上篮：进攻队员摆脱防守后，向篮下切入时接队友的传球，并采用单手投篮的一种投篮方法。其特点是出手点高、手法灵活。常用的单手切入上篮方法有正面低手挑球投上篮和正面高手肩上投篮。同样可以采用一步上篮或两步上篮。

动作要领：脚步动作与双手行进间的投篮方法一样，在起跳时单手持球引球上肩，当身体接近最高点时，投篮手伸臂举球，顶肘、压腕将球投出。

4. 罚篮技术

罚篮是指在荷球比赛中，裁判员宣判某队犯规或在黄金球没有能判定胜负的情况下，执行罚球的队员在没有防守干扰时的一种投篮。

动作要领(见图3-3-8、图3-3-9)：两脚前后开立，前脚靠近罚篮线，后腿膝关节微曲，上体保持正直，重心放在后脚上，双手握球于腰腹之间，两眼注视篮筐。罚篮时，后腿蹬伸，重心前移，当重心超过前腿的垂直面时，前腿开始蹬伸，同时后腿向前上方屈膝摆动，两手握球将球向篮筐托举。同时手腕下垂，掌根高于手指，在身体接近伸展时两臂上翘，手腕上挑将球投出，使球前旋入筐。

图 3-3-8　罚篮

图 3-3-9　罚篮时的身体动作

三、投篮的练习方法

(1) 原地徒手模仿练习。

目的：体会动作要领，掌握正确的发力顺序，形成正确的手型。

方法一：两人一组，间隔 2 米，一人进行原地徒手投篮动作练习，另一人观察并纠错。两人交替进行练习，并体会投篮时下肢用力、身体动作和手型固定的情况。

方法二：两人一组，一球，对投，间隔 5 米，主要体会投篮用力、身体动作和球出手的感觉。

要求：一人投篮时，另一人要及时地指出错误动作并纠正。

(2) 两人交替投篮练习。

方法一：两人一组，一球 (人多的情况下，可两到三组共用一个篮筐)。一人投篮，一人捡球，投篮队员距离篮筐 3 米远，每人投 10 次后交换。

要求：在掌握投篮技术的情况下，逐渐增加投篮的距离。投篮队员投球后，捡球队员争取在球落地之前将球接住。

方法二：两人一组，一球，分别站在各自的投篮位置上，投篮队员自投自抢，抢到球后传给另一名队员，然后再回到自己的投篮位置上。

要求：抢球要积极，争取在球落地前将球抢到手。

(3) 换位投篮练习。

方法：围绕球柱设置 4 ～ 6 个不同距离的投篮点 (可在每个投篮点上放一个标志物) 并规定好顺序，队员从 1 号位置开始投篮直到最后一个，全队轮流练习。

要求：人数不宜过多，可分成若干小组同时练习。投篮队员要积极抢篮下球，并快速回到投篮位置。

注意：以上三种练习方法适合于各种原地投篮技术的练习，在练习中，要根据场地、器材、练习人数的多少适当集中和分散练习，掌握好练习的强度。

(4) 后退投篮练习。

目的：体会动作要领，掌握正确的脚步移动技术，形成正确的发力顺序，能够进一步获得更大空间的自由位置进行投篮。

方法一：持球人距墙 3 米站立，单手向适当高度大力传球，等球快速反弹回来后双手接球，同时做后退投篮的脚步动作，上下肢协调用力把球投出。此方法适合练习后退投篮的脚步动作及全身的协调用力。

要求：完成正确的脚步动作，后退最后一步要大，重心不能后移，腿部动作要与最后球出手的动作相协调。

方法二：两人一组，一球一篮，两人正面相对间隔 5 米，形成球篮、做球人、进攻人的落位。进攻人要快速地向篮下压进，在距离球篮 3 米时急停，做球人观察进攻人的急停动作，在适当的时候把球传给进攻人，进攻人看来球情况做后退投篮的连贯脚步动作把球投出。

要求：一人投篮时，另一人要及时地指出错误动作并纠正。

(5)“V 投”练习。

① 二人对投模仿练习：

方法：两人一组，一球，对投练习，一人持球，另一人与之间隔 8 米做 V 字形跑动，变向后接另一人的传球，然后投给对方，连续五次后两人交换。

提示：此练习可以充分地利用场地，不受球篮的限制，增加练习的密度。

要求：传球要及时、到位，投篮队员主要体会脚步动作的变化、投篮均匀用力、身体动作和球出手时的方向、弧线和落点的感觉。

② 变化传球位置的“V 投”练习：

方法一：接篮下队员的传球投篮。

两人一组，一球，一人持球站在篮下，另一人从篮柱 8 米处开始向球篮做 V 字形跑动，变向后接另一人的传球投篮。篮下队员抢篮下球，连续五次后两人交换。

方法二：接迎面队员的传球投篮。

两人一组，一球，间隔 10 米站在距离球篮 6 ～ 8 米处，一人传球给另一人后向篮下移动，在距离球篮 2 ～ 3 米处突然变向，向有球的方向跑动，接队员的传球投篮。

第四节　个人防守技术

个人防守技术是指运动员在荷球比赛中防守进攻队员从无球状态到有球状态或从有球状态到无球状态，直至对方进攻结束或失去球权的全过程中，合理运用具有防御和攻击效果的动作组合。

(1) 防守无球队员。

动作要领(见图3-4-1)：防守始终是以人为主，经常采用侧对进攻队员的方法。一脚在前一脚在后，重心落于后腿，同侧臂侧前伸以封堵对方的传接球，头部向有球一侧转动，两腿开立，屈膝，上体直立，始终保持身体的机动状态。

图 3-4-1　防守无球队员

(2) 防守有球队员。

动作要领：从进攻者的角度来说，投篮队员只有在获得自由位置后才允许投篮；从防守者的角度来说，防守队员获得防守位置就是一次成功的防守，就可以阻止对方投篮。建立防守位置有以下几个条件：一是与进攻队员保持一手臂以内的距离；二是要在进攻队员的身体正面进行防守；三是要让进攻队员难以接近球柱。

第五节　组合技术

除了熟练掌握各项个人基础技术动作，如何更好地把个人技术与队友间的相互协作串联形成组合技术是完成荷球比赛的基础环节。

助攻（做球）是指进攻队员通过各种方法与手段在篮下区域取得较好的位置后接应同伴的传球，与外线队员形成的一种内外联系的配合方法，具体包括以下几种。

(1) 正面做球：做球人（助攻队员）正对进攻队员的位置，以帮助外线队员的切入和帮助外线队员投篮。

动作要领(见图3-5-1)：助攻队员通过运用各种方法与手段，在篮下正面区域取得较好的位置后，给传球使外线队员获得投篮机会。

图 3-5-1 正面做球

(2) 侧面做球：做球人(助攻队员)利用各种传球方法给进攻队员传球，协助进攻队员切入上篮或投篮。

动作要领(见图3-5-2)：进攻队员与做球人(助攻队员)在同一平面，进攻队员利用各种方法摆脱防守人。

图 3-5-2 侧面做球

(3) 助攻与“V投”：进攻队员利用“V”字形移动摆脱对手之后，接队友的传球投篮。

动作要领(见图3-5-3)：当做球人(助攻队员)拿到球后，外线队员造成快速向篮下切入的假象，使防守队员跟随移动，此时进攻队员急停，突然改变移动方向，通过“V”字形移动摆脱防守后接球投篮。做球人(助攻队员)给进攻队员传球时，要注意队友摆脱的效果，观察防守队员的位置、距离等情况，多采用单手大臂的传球方法，将球传到队友移动方向的前方，控制好球的弧线和落点，以便使队友人到球到，这样更有利于进攻队员顺利衔接投篮动作。

图 3-5-3 助攻与“V”投

习题

1. 荷球运动的基本技术都有哪些？
2. 从荷球运动的基本技术来看，反映了荷球运动具有哪些特点？

第四章　荷球技术教学方法

学习提要与目标

本章主要介绍荷球基本技术的概念、动作要领、教学步骤、组织练习的方法、常见错误及其纠正方法等。通过对本章的学习，要求掌握荷球运动的基本技术路线和动作要领，体验技术掌握过程所带来的乐趣，培养荷球运动素养。

教学工作是学校各项工作的核心和基础，具有知识再生产性、过程的周期循环性、成果体现的延时性等特点，是各级各类人才培养的主要途径。传统意义的教学工作一般包括教师的教与学生的学两个方面，这两方面相辅相成、相互促进。教学的实施一般从制订教学计划入手，包括教学大纲的制订、教学进度的安排、教案的编写等，从总体到局部逐级、逐步细化和深化，以确保教学工作的高效、有序进行。学校的教学工作一般以课堂教学为主要组织形式，主要分为备课、上课、课后作业等几个操作环节。好的教学效果是在严格地遵守正确的教学原则和规则的基础上，持续在教学内容、教学组织、教学方法、教学手段等各个细节上精益求精的结果。好的教学效果是课堂教学的生命，好的教学质量是学校赖以生存的根本。荷球运动教学是学校体育教学工作的重要组成部分。

第一节　无球移动技术教学方法

无球移动技术是荷球运动一切技战术施展、运用的基础。就荷球运动比其他复杂战术配合型团队项目更依赖无球队员的快速跑动以获得自由位置和有利战术形势的特点来说，无球移动技术的教学在整个荷球技术教学中也因此变得极为重要。下面结合场上队员在防守位置和自由位置的争夺过程中所涉及的各种无球移动动作及其技术方法进行重点介绍。

一、自由位置与防守位置

(一) 概念与基本动作要领

自由位置相对于进攻队员而言，是指防守队员“一手臂距离”以外的区域。进攻队员只有处于自由位置时投篮命中得分才有效，在防守位置时投篮命中则无效，并判罚进攻队员投篮犯规。

防守位置是相对于防守队员而言的，防守队员要拥有防守位置，需要同时满足以下条件：① 防守队员必须积极封堵球；② 防守队员的站位比进攻队员更接近球篮；③ 防守队员必须面向进攻队员；④ 防守队员伸手可以触及进攻队员胸部位置，即防守队员距进攻队员“一手臂距离”(见图4-1-1)。

图 4-1-1　防守位置

通过“异性防守”“二防一”等手段获得的防守位置是假防守位置，因为侵犯了进攻队员的自由位置；通过“Cutting”(切断，又称掩护犯规)方式获得的自由位置则是假自由位置，因为侵犯了防守队员的防守位置。这两类情况都违反了荷球运动“公平竞赛”的基本原则。

(二) 教学步骤

1) 自由位置

(1) 学习自由位置的概念与基本要领。

(2) 移动中创造自由位置包括加速跑、变向跑、交叉步跑、急停、向后跳起、撤步、转身等。

(3) 学习各种调动并摆脱对手、创造自由位置的方法。

2) 防守位置

(1) 学习防守位置的概念与基本要领。

(2) 防守位置的基本站位、姿势及四肢动作。

(3) 移动中保持防守位置的步法包括左右滑步、前滑步、后滑步、交叉步跑、上步等。

(4) 学习各种紧盯对手、维持防守位置的方法。

(三) 教学组织

(1) 教师示范，学生集体模仿练习：镜面示范与背面示范相结合。

(2) 2 人一组，攻防步法练习：进攻队员自由地前后左右移动，辅以假动作调动并试图摆脱防守队员，以获得自由位置；防守队员做好防守姿势，采用灵活防守步法，紧跟进攻队员前后左右移动，尽最大可能不被摆脱，以保持防守位置。

(3) 4 人一组，一球，单线攻防练习：外围无球进攻队员前后左右灵活跑动，辅以假动作调动并试图摆脱防守队员，以创造自由位置接球投篮，内侧持球队员与无球进攻队员密切配合，伺机传球；防守队员紧逼盯人，尽可能保持住防守位置，不让接球者投篮或摆脱后上篮。

(4) 八对八传接球攻防练习：围绕球柱，内圈 8 人距球柱 6 米面向外防守；外圈 8 人面向内进攻 (传接球)。外圈 8 人，采取各种手段相互传接球；内圈 8 人积极做好防守，伺机采取各种合理手段干扰或抢断外圈对手的传接球。

要求：每位队员都要积极主动，失误者攻防角色转换 (内、外圈队员换位) 后，比赛继续。

(四) 常见错误与纠正方法

(1) 防守队员身体重心过于偏前或偏后，偏前不利于身体后移，偏后则不利于身体前移，都容易被进攻队员摆脱或拉开距离而失去防守位置。

纠正方法：对于身体重心过于偏前的，后腿膝关节夹角不能太大，一般保持在 90°～120°，前腿不要有太大的压迫感，体重尽量平均分配在前后腿上；对于重心过于偏后的，后腿膝关节夹角最好不能小于 90°，后腿不要有太大的压迫感。

(2) 防守队员重心过高，防守面过窄，容易被进攻队员摆脱而失去防守位置。

纠正方法：降低身体重心，前腿膝关节夹角一般保持在 90°～100°，后腿膝关节夹角一般保持在 90°～100°。

(3) 防守队员防守时主动性不够，没有时刻面向进攻队员，或不持续伸手，而失去有效的防守位置。

纠正方法：集中注意力，保持防守姿势，时刻面向进攻队员，且一直保持一只手臂伸向进攻队员，并与进攻队员保持一手臂距离，“粘住”对手，不让进攻队员获得自由位置。

(4) 当进攻队员加速向前突破时，防守队员故意或不经意地用手臂或身体阻挡进攻队员。

纠正方法：保持正常防守姿势，靠脚步的快速移动而不是手臂的多余动作“粘住”对手，防止出现因手臂不经意阻挡对手的犯规动作。

(5) 防守队员滑步移动练习时跳跃向前，容易被进攻队员利用防守队员身体“升、降”的时间差加速摆脱。

纠正方法：尽量“压住”重心，脚掌尽量随地面平移向前，不让重心起伏过大。

(6) 进攻队员加速摆脱对手时，用身体压迫防守队员。

纠正方法：防守队员合法防守位置是不可侵犯的空间范围，进攻队员在进攻时要采用正确的身体姿势和动作。

(7) 进攻队员摆脱对手时，用手臂推搡防守队员。

纠正方法：进攻队员过人时要控制好手臂姿势，务必不能出现手部推搡动作。

(8) 防守队员用躯干压迫 (侵犯) 进攻队员的合法空间。

纠正方法：进攻队员自由位置是不可侵犯的合法空间范围，防守队员在防守时要采用正确的身体姿势和动作。

(9) 进攻队员步法犹豫或凌乱，无法有效摆脱对手以获得自由位置。

纠正方法：树立明确的进攻方向和坚定的进攻决心，同时强化变向、加速等步法动作的清晰性和果断性。

(10) 进攻队员意图过于明显，无法有效摆脱对手以获得自由位置。

纠正方法：脚步和身体欲左先右、欲前先后，即利用反跑技术迷惑、摆脱对手，反跑时动作要迅速、敏捷。

二、各种移动技术

荷球无球移动技术的学练方法与篮球无球移动技术有很多相似之处，可以参考篮球的无球移动方法。

第二节　传接球技术教学方法

荷球传接球技术是场上进攻队员之间传递、输送球的一种方式，包括传球、接球两个环节。进攻队员之间传接球的过程是荷球比赛进攻方进攻推进的必要途径和手段。传接球质量的好坏，关系到进攻方可否保持己方的持球权及己方进攻的持续进行。本节将主要介绍具有代表性的单手传球—双手接球技术。

一、单手传球—双手接球技术

1. 单手传球动作方法（以右手传球为例）

两脚前后站立，脚间距略宽于肩宽；持球臂五指自然张开将球托于肩上外侧位置，肘关节略高于肩关节，即肘关节呈 100° 左右夹角；向右转身引球至身体侧后方，身体重心主要压在后腿上，后腿（右腿）膝关节呈 150° 左右夹角。出球时，右脚蹬地，力量依次传递至踝、膝、髋等关节，推动各关节伸展，并推动髋—腰部左转前顶，接着将力量再依次传递至躯干和肩关节。之后，胸、肩、肘、腕等部位依次前顶伸展，力量按“大关节→次大关节→次小关节→小关节”顺序依次传递，逐步加速传导并持续发力至手指关节，以压腕、拨指的方式将球从体侧部位投送出去，后腿可顺势向前跨出一步，右臂向出球方向跟送一段距离。

2. 双手接球技术动作方法

接球前，左、右腿前后站立，躯干以下各关节自然弯曲；同时前伸双手，五指自然张开，大拇指相对指向内下方，双手距离略宽于球。接球时，面对来球，先判断来球的高度和速度，然后顺着来球的路线迅速屈臂回撤双手，以缓冲和化解来球动量，并顺势转身将球引向右手（肘关节夹角为 90°～100°），准备下一次传球。

3. 教学步骤

(1) 学习单手传球的方法。

(2) 学习双手接球的方法。

4. 教学组织

(1) 专门性练习：移动换位中单手传球、双手接球(见图4-2-1)。

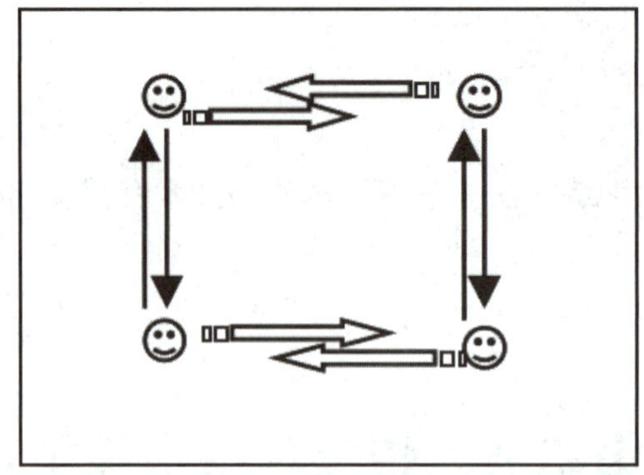

图 4-2-1 移动换位中单手传球、双手接球

4 人一组，2 个球，站成矩形，面对面相距 3 米，左、右相距 2 米，左、右两人持球。开始练习指令发出后，两位持球队员同时以单手传球方式将球传给对面队员，传球后左、右迅速换位；两位接球队员伸手以双手接球方式接球，接球并单手引球后再以单手传球方式迅速传给对面队员，传球后左、右迅速换位。如此不断反复，先完成两次 30 秒钟练习，练习间隔 1 分钟；再完成两次 1 分钟练习，练习间隔 3 分钟。

注意：练习时，传球队员不可将球斜传给对角线上的队员，更不可持球左、右移动后再传球。

(2) 专门性练习：移动传接球(见图4-2-2)。

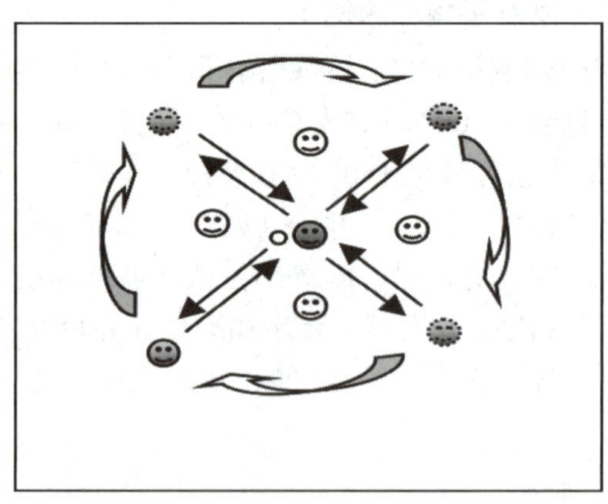

图 4-2-2 移动传接球

6 人一组，1 个球，按 1 ～ 6 的顺序编号，分成若干组。每组的 2 ～ 5 号队员以 5 米为半径围成一个圆，两两之间等距相隔。练习开始时，1 号队员持球站在圆心位置，把球传给 2 号队员，2 号队员立刻以单手回传给 1 号队员，然后 2 号队员绕着圆圈跑步，每跑

到两人中间时以双手接球并停步，再以单手回传给 1 号队员。2 号队员移动接球完成一圈练习后，立刻由下一位队员接替进行。

(3) 综合练习：连续成功传接球。

将所有队员分成攻、守两队，每队 3 ～ 5 位队员，场地范围为 20 × 20 平方米。进攻队的任务是尽可能地提高连续传接球的成功率。一旦球被抢断，攻守双方角色互换。成功传接球 10 次则记 1 分。本练习也可适当提高难度，具体如下：

(1) 可缩小场地范围至 15 × 15 平方米、10 × 10 平方米，以增加练习 (比赛) 难度。

(2) 提高连续成功传接球的次数，如可增加至 15 次、20 次、25 次、30 次等。

5. 常见错误与纠正方法

(1) 传球前两脚没有前后落位，且向侧后方的引球动作不充分。

纠正方法：落位时两脚重心连线与传球方向呈约 15° 夹角，膝关节微屈，引球时身体重心移到后腿 (右腿) 上，可事先用粉笔在地面上画好相互交叉的两脚重心连线与传球方向线作为辅助。身体转向后移引球时，尽量将球引至与肩同高的位置。

(2) 传球时与队员间的互动不够，传接球双方没有相互注视对方，常出现匆忙接球或接球失误现象。

纠正方法：集中注意力，传接球双方要持续用眼神交流。

(3) 单靠手臂力量传球，没有充分利用下肢和躯干的力量。

纠正方法：应按髋关节→肩关节→肘关节→腕关节→指关节的顺序依次前顶，也就是说，身体肌肉应按“躯干→上臂→前臂→手掌→手指”的顺序依次发力。

(4) 传球过程中，传球力量忽大忽小，传球角度偏高偏低，传球队员没有朝传球目标跟送，让队员难以适应来球，导致接球效果不好，造成较多失误。

纠正方法：固定传球距离，按规范传球动作传球的同时，注意传球的角度、传球的力度、出手的速度，反复多次练习，并根据队员的接球状况不断调整传球的角度、力度和出手的速度。

(5) 接球前，没有事先判断来球的力度、方向和角度，没有积极上步迎球。

纠正方法：根据球的高度和速度，积极上步，主动调整自己与球之间的距离，以将接球点控制在额头与下颌之间的位置为宜。

(6) 接球时没有提前伸手迎球，球过来时匆忙应对，形成接不住球或手臂“冲球”现象。

纠正方法：主动伸出双手接球，盯住来球，并根据来球的力度顺势将其缓冲、回收。

(7) 接球时，双手没有掌心向前，四指没有积极指向前方或前上方，双手大拇指没有相对并指向斜下方，且双手间距过大，以至于出现“漏球”现象。

纠正方法：注意接球手型的重要性，以及两手间距、手心方向及大拇指的位置的重要性，不断调整动作。

(8) 接球缓冲后，没有单手顺势将球引向后侧方。

纠正方法：接球后顺势向身体侧后方引球，注意单手引球的距离和位置，即与右肩同高的位置，持球手臂肘关节夹角为 90° ～ 100°。

第三节 投篮技术教学方法

投篮是荷球赛场上进攻方采取各种方法达到进攻目的的最后一步。投篮技术是以单手或双手的方式将球投向篮筐的一种方式方法。荷球比赛最终以投篮进球数多者为获胜方。本节将以双手（定位）投篮和移动投篮为例介绍荷球投篮技术。

一、双手（定位）投篮技术

（一）动作方法

(1)持球(见图4-3-1)：两手掌在球的偏后侧面对称持球，五指自然弯曲成半球形包住球面，两大拇指呈约90°夹角、指尖相距2～3厘米，两手掌向身体方向适度翻转，两手小鱼际指向身体前方；两臂屈肘将球置于胸部与眼部之间，距离下颌15～20厘米的位置处，两前臂呈60°～90°夹角。投篮前，两脚可前后站立，也可平行站立，微微屈膝，身体微微前倾，含胸收腹。

图 4-3-1 双手（定位）投篮技术动作方法

(2) 投篮：开始投篮时，双腿先屈膝下蹲，下蹲到一定位置（半蹲），双脚同时蹬地发力，将力量依次向踝、膝、髋等关节和躯干传递，踝、膝、髋等关节和躯干逐步伸展；与此同时，两臂肩、肘、腕、指等关节也依次伸展，同时将球向前上方推送;当腿部各关节、躯干、肩关节、肘关节、腕关节依次充分伸展时，两手掌迅速内翻(两前臂及手腕内旋并靠拢)，双手顺势斜向外上方推球，大拇指、食指、中指依次向外上方拨动球面，将球推离指尖。球出手后，食指顺势指向球的抛射方向，身体收紧，四肢伸展，脚尖踮起。

(二)教学步骤

(1) 学习两手臂持球的姿势和要领。

(2) 学习投球过程中双臂各关节的用力顺序和方法。

(3) 学习球出手前手腕及手指各关节的用力顺序和方法。

(4) 学习投球过程中上、下肢及躯干间的配合顺序和方法。

(5) 学习双手颌前(定位)投篮完整技术。

(三)教学组织

1. 专门性练习

(1) 双手投球：2 人一组，1 个球，其中 1 人担任辅助者，1 人担任练习者，1～2 个标志物，2 人相距 6～8 米，面对面站立，标志物放在辅助者旁边。练习时，辅助者单手肩上传球给练习者，练习者在球处于空中时，面向来球向后方后退两步，先落左脚(前脚)再落右脚(后脚)，在前脚着地时用双手接球，随即后脚着地，停稳身体;然后假想辅助者头顶上方为篮筐的方向，练习者以双手投篮方式将球投(传)给辅助者，练习者再向前返回原来的地点。每人依此方式练习 5 次，然后互换角色，共练习 3 轮。

(2)变距投篮练习(见图4-3-2)：6～8人一组，篮架1座，3～4个球，以篮架为中心，围成半径为1～5米的圆形。投篮时，所有人围在篮架周围，分别以间隔1米的距离逐步增加投篮距离，进行双手定位投篮。

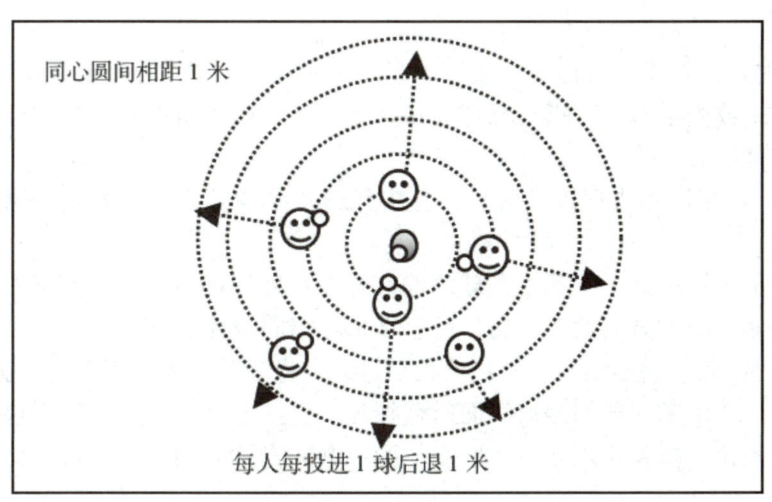

图 4-3-2　变距投篮练习

练习规则：先从距离篮柱 1 米处开始，每人每次投篮命中后，便向外移动 1 米再进行投篮，直至逐步移动至距离篮柱 5 米处投篮命中为止。

2. 传、接球+自由投篮练习

传、接球+自由投篮练习(见图4-3-3)以9～10人为一组，篮架1座，1～2个球。所有人以篮架为中心，围成半径为5～7米的圆形或半圆形，篮下站2～3人，接落球后传给站在外围的人，外围的人见来球后，后退两步接球，接球后双手投篮。外围先投到10次的人与篮下其他人互换角色。

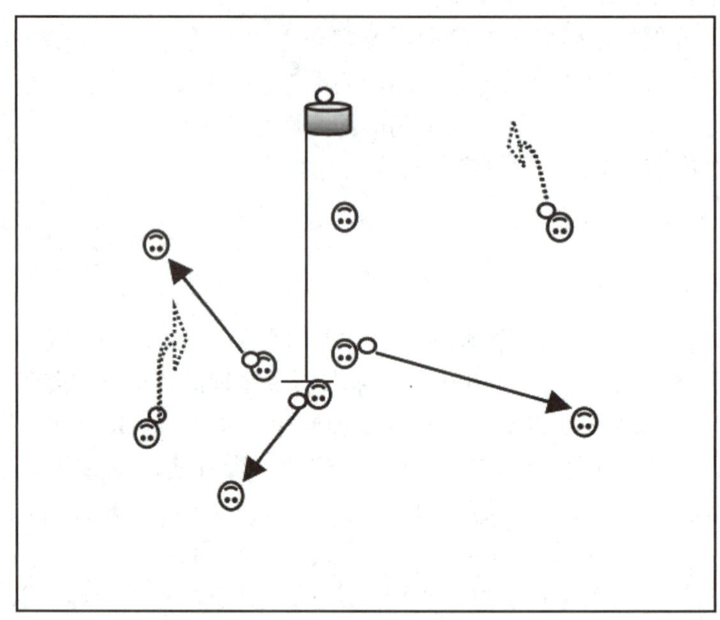

图 4-3-3　传、接球 + 自由投篮练习

(四) 常见错误与纠正方法

(1) 持球时，五指没有自然张开或过于僵硬，易导致出球力量不够或出球方向不稳定。

纠正方法：放松手臂，五指自然弯曲形成半球形，两手掌向身体方向适度翻转，两手小鱼际指向身体前方。

(2) 持球时，用四指指根部及大拇指指尖托球，影响发力，易导致出球力量和出球高度不够。

纠正方法：放松手臂，两手掌在球的偏后侧面对称持球，五指自然弯曲形成半球形包住球面，两手掌向身体方向适度翻转，两手小鱼际指向身体前方。

(3) 持球时，双手手心相向，两掌根相距过近，投球时双手用不上力，影响投球高度。

纠正方法：两手掌在球的偏后侧面对称持球，五指自然弯曲成半球形包住球面，两大拇指呈约 90° 夹角、指尖相距 2 ～ 3 厘米，两手掌向身体方向适度翻转，两手小鱼际指向身体前方。

(4) 持球时，两手掌之间距离偏大或偏小。距离偏大时，球过早离手，用不上力；距离偏小时，影响双手手指拨球，造成双手向前“扒球”现象，导致球的抛射角度和旋转速度不够，球的稳定性较差。

纠正方法：两手掌在球的偏后侧面对称持球，五指自然弯曲成半球形包住球面，两大拇指呈约 90° 夹角、指尖相距 2 ～ 3 厘米，两手掌向身体方向适度翻转，两手小鱼际指向身体前方。

(5) 持球时，双肘相距过远，两前臂夹角过大 (大于 90°)，易导致出球方向忽左忽右，运行路线不稳定。

纠正方法：两前臂的夹角应严格控制在 60° ～ 90°。

(6) 持球时，球的位置过高或过低，离身体过近或过远，都会影响出球的速度或角度。

纠正方法：尽量将球控制在胸部与眼部之间、距离下颌 15 ～ 20 厘米的位置处。

(7) 持球时，身体过度紧张，上体后仰 (挺肚子)，投球力量不足。

纠正方法：身体适度放松，微微屈膝，身体微微前倾，含胸收腹。

(8) 投球时，仅靠前臂发力，或只依靠伸展肘关节将球投出，导致球的投射角度偏小，总是落在球筐外侧。

纠正方法：投球时，两手臂应严格按照“大关节→次大关节→次小关节→小关节”的顺序依次伸展，肩、肘、腕、指关节附属肌群依次发力，使力量最终传导至上肢末端，大拇指、食指、中指指尖再依次发力拨球。

(9) 投球时，两手掌向前方压腕、拨指，球向前冲，导致球的投射角度不够，命中率不高。

纠正方法：两手掌迅速内翻并斜向外上方推球，紧接着大拇指、食指、中指依次向外上方拨动球面，将球推离指尖。

(10) 投球时，靠“寸劲”进行投球，手臂迅速出球后又迅速收回，导致球的稳定性差，命中率不高。

纠正方法：投球时，两手臂应严格按照“大关节→次大关节→次小关节→小关节”的顺序依次伸展，肩、肘、腕、指关节附属肌群依次发力，使力量最终充分传导至上肢末端。球被拨出手后，食指还应顺势指向球的抛射方向。

(11) 投球前，双手习惯性地将球拉到头的后上方，双手以“扒球”方式将球向前方拉推而出，导致球的运行路线偏平，命中率低。

纠正方法：持球阶段，微微屈膝，身体微微前倾，含胸收腹；两臂屈肘将球置于胸部与眼部之间、距离下颌 15 ～ 20 厘米的位置处，两前臂呈 60° ～ 90° 夹角。投球阶段，两臂应严格按照“大关节→次大关节→次小关节→小关节”的顺序依次伸展，肩、肘、腕、指关节附属肌群依次发力，使力量充分传导至上肢末端。

(12) 投球前，双手习惯性地将球置于腰前位置，投球时先将球提至下颌前方 (多余动作)，再将球投出。

纠正方法：投球前，屈膝，身体微微前倾，含胸收腹，两臂屈肘将球置于胸部与眼部之间、距离下颌 15 ～ 20 厘米的位置处，两前臂呈 60° ～ 90° 夹角。

(13) 习惯性的单手远距离投球，命中率较低。

纠正方法：尽量做到双脚并拢，身体正向前方，两手臂均衡发力。

(14) 投球时，下肢、躯干、上肢没有协同用力，用力顺序颠倒或脱节，力量不够。

纠正方法：两手臂应严格按照“大关节→次大关节→次小关节→小关节”的顺序依次伸展。同样，从大到小，手臂各关节的附属肌群依次发力。

二、移动投篮技术(组合动作)

(一)动作方法(以右向路线的V投为例)

外场持球者将球传给内场同伴后，随球向同伴移动，移动至一定距离后，根据场上形势迅速减速急停(双脚同时落地或先后落地)，重心随之降低，两脚分别在两传接球者间连线的两侧落位，前脚(左脚)略微内扣，脚尖靠近连线，并与连线呈45°左右夹角，后脚(右脚)脚后跟靠近连线并与连线呈60°左右夹角。身体停稳后，急速向左晃动上体后迅速回撤(即做反向假动作)，紧跟回撤的上体，左脚、右脚几乎同时向右蹬地，推动身体迅速向右移动(运行路线与两传接球者间连线呈“V”字形，见图4-3-4)。身体移动过程中，左、右脚始终位于身体前、后侧，以交叉步形式持续右向迈进(适当压住重心)。移动中，上体始终左转侧向传球者，且眼睛时刻注视着传球者，之后迅速移动两三步拉开与防守者的距离，举右手示意同伴传球。当看见同伴传球出手后，判断来球的高度、速度和到达时机，向后跳起空中接球并左向转体，左、右脚空中交叉换位，右、左脚依次前、后落地。右脚前脚掌首先触地，顺势滚动到后脚掌，身体重量也顺势传递到后腿(左腿)和躯干。几乎同时，右脚用力向后上方推动身体，脚掌蹬离地面，身体继续向后上方抬起，左脚顺势向后撑住地面，当身体趋于稳定后，双手持球正对篮筐方向，完成投篮动作。

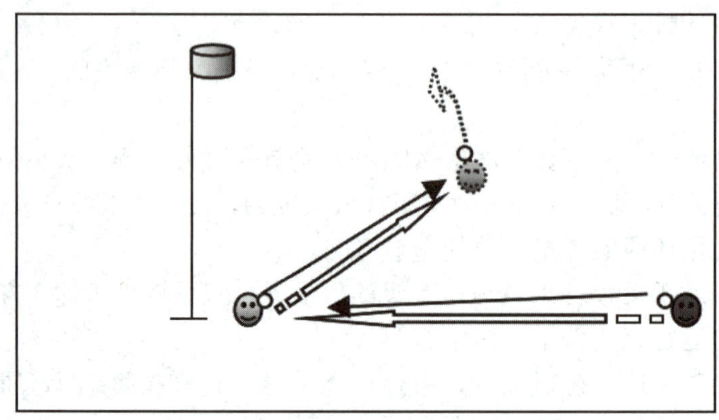

图 4-3-4　移动投篮技术(组合动作)

(二)教学步骤

(1) 学习定向交叉步移动技术。
(2) 学习急停落位接变向交叉步移动技术。
(3) 学习向后跳起空中接球、转体及两脚交叉换位后依次落地技术。
(4) 学习两脚依次落地接前腿蹬地抬起身体技术。
(5) 学习两脚依次落地接前腿蹬地抬起身体后双手投篮技术。
(6) 学习 V 投完整技术。

(三)教学组织

(1) 三种得分技术的综合练习(见图4-3-5)：3人一组，1个篮架，1个球。1号位于篮下准备拿篮下球，2号位于篮柱前约1米处传球，3号为练习者。3号先做定位远投后，再做一次“V”形投篮，最后做切入上篮。然后，角色轮换，1号换3号，2号换1号，1号换2号。定位远投和“V”形投篮投中一次得2分，上篮进球得1分。

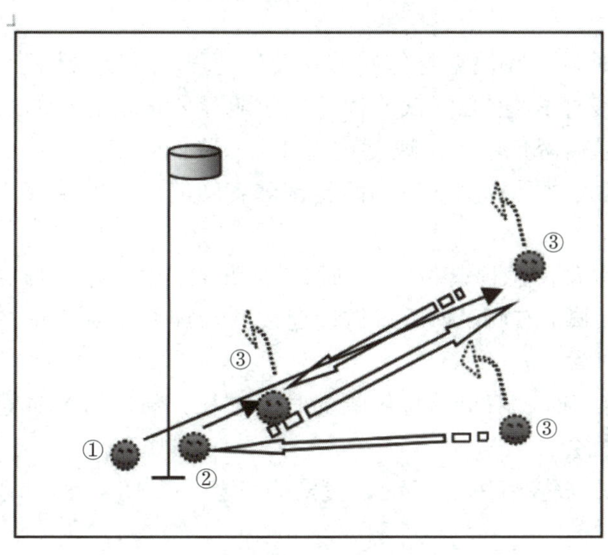

图 4-3-5　三种得分技术的综合练习

(2)“L”形移动投篮 (无防守者)：4 人一组，1 个篮架，1 个球。1 号位于篮下准备拿篮下球，2 号位于篮柱前约 1 米处传球，3 号自篮柱前约 6 ～ 8 米处出发做“L”形移动投篮，4 号站在 3 号身后做准备。每做完 4 次投篮，进行角色轮换，2 号换 1 号，4 号换 2 号，3 号换 4 号，1 号换 3 号。

(3) 投篮与切入综合辅助练习 (有防守者)：3 人一组，其中 1 人负责进攻，1 人负责防守，1 人负责辅助 (做球)，1 个球。进攻者试图从防守者的左侧或右侧轮流切入摆脱防守者。摆脱后，接到球时应观察自己和对手的位置关系，选择远投或回传球给辅助者，完成切入并接球上篮或完成另一次“V”形投篮。

① 对手比较接近篮柱，但是距离自己一手臂距离外 (即有良好的自由位置)，应投篮。

② 对手向前扑球时，传球给辅助者并切入接球上篮。

③ 进攻时，若本身没有良好自由位置或者没有做好投篮准备 (如身体不稳定)，应回传球给辅助者，再做另一次摆脱防守的移动，争取获得得分的机会。

(4) 介入防守因素的四人投篮练习：4 人一组，其中 1 人担任辅助者，1 人担任防守者，1 个篮架，1 个球，2 人轮流做投篮练习。辅助者位于篮下，2 位进攻者在篮架前 10 米处发动进攻。第一位进攻者向篮下进攻移动，迫使防守者被迫后退，同时做“V”形运动以摆脱防守者，接球后投篮。因进攻者动作的主动性和突然性，使防守者虽然有意干扰却苦于自身动作的被动性和滞后性而无法及时跟进防守。接着，防守者继续防守第二位进攻者。每分钟后或每投 10 次球后，角色轮换，继续练习。

(四) 常见错误与纠正方法

(1) 做移动急停练习时，双脚没有停下来，然后以弧形路线变向移动接投篮。

纠正方法：首先要让自己的身体停下来，然后再突然起身，这样才会让对手猝不及防，跟不上自己的起动动作，从而摆脱对手(一般先做一个反向的假动作)。

(2) 做移动急停练习时，身体重心没有迅速下降，左脚前掌没有内扣，右脚前掌没有略微外转。

纠正方法：急停时，一般根据身体向前移动的速度大小选择跨步急停(速度较快时)或跳步急停(速度较慢时)，重心降低的程度也应随身体移动速度的快慢而自然变化。一般来讲，速度较慢时重心降低较少，速度较快时重心降低较多。

(3) 做移动急停练习时，双脚落位离两传接球者间的连线的距离太远，身体没有侧对着同伴。

纠正方法：一般来说，急停落位时，前脚(左脚)略微内扣，脚尖靠近连线，并与连线呈45°左右夹角；后脚(右脚)脚后跟靠近连线并与连线呈60°左右夹角。身体自然侧对着同伴方向。

(4) 做移动急停练习时，双脚落位停顿的时间过长。急停落位时间如果过长，将会失去突然摆脱防守者的机会。

纠正方法：急停后紧接着突然起动，使防守者猝不及防，因其起动稍慢而被进攻者摆脱。

(5) "V"形变向后，继续交叉步移动时的身体重心太高，限制了交叉步移动的步幅和速度。

纠正方法：尽量压住身体重心，让两脚在交叉步移动时相距较远，不至于双腿相互别住或扭缠在一起，也会让上体易于转向同伴方向。

(6) "V"形变向后交叉步移动时，上体没有转向传球的同伴。

纠正方法：在交叉步移动时，将上体转向传球的同伴，并时刻目视同伴，以便展开下一步的行动。

(7) "V"形变向后交叉步移动时，两脚没有固定角色(即左脚始终在前，右脚始终在后)做交叉步；或者两脚交叉步的角色错乱(右脚始终在前，左脚始终在后)。

纠正方法："V"形变向后交叉步移动时，两脚的角色是固定的，即左脚始终在前，右脚始终在后。可先做小幅度的动作模仿练习，然后再逐步加大交叉步的动作幅度。

(8) "V"形变向后交叉步移动时，不伸手示意同伴传球。

纠正方法：交叉步移动2～3步之后，应及时举起外侧手，示意同伴传球，以便抓住最佳投篮时机。

(9) "V"形变向后交叉步移动接球前，没有跳起接球—转体动作。

纠正方法："V"形变向后交叉步移动过程中跳起接球—转体动作的目的在于让身体的各个环节在跳起腾空的时间差内，迅速调整好体位，为下一步的投篮动作做好充分准备。因此，移动过程中应努力做到身体腾空及腾空中的接球和转体。

(10) "V"形变向—交叉步移动—跳起接球—转体落地过程中，后支撑脚先落地，或只用后支撑脚落地支撑，支撑腿压力过大，紧接着的投篮动作延缓并感力量不足。

纠正方法："V"形变向—交叉步移动—跳起接球—转体落地后，应以前伸脚先落地，后伸脚紧接着落地支撑，前后落地顺序不能颠倒，否则后支撑腿的压力太大，从而影响后续的抬体投篮效果。

(11)“V”形变向—交叉步移动—跳起接球—转体落地过程，与后续的投篮过程脱节，环节过渡不连贯，停顿较长时间后再投篮。

纠正方法：跳起接球—转体落地前，应以前伸脚先落地，后伸脚紧接着落地支撑，以便让身体重量顺利、平稳地传递到后续的蹬地抬身过程。

(12)“V”形变向—交叉步移动—跳起接球—转体落地稳定后，两脚又移动两步再投篮(走步犯规)。

纠正方法：了解荷球走步犯规规则，在练习或比赛中不可违反此项规则，包括向后移动时。

(13)“V”形变向—交叉步移动—跳起接球—转体落地后，前脚没有继续推动身体继续向后上方抬起，或前脚推动身体过度抬起以致身体后仰，两种情况皆不利于后续投篮技术的发挥。

纠正方法：“V”形变向—交叉步移动—跳起接球—转体落地后，如果前脚不继续推动身体继续向后上方抬起，不利于拉开与防守者间的距离，不能及时获得防守位置；如果前脚推动身体过度抬起以致身体后仰，则不利于投篮技术的正常发挥而降低投篮命中率。

第四节　罚点球技术教学方法

荷球比赛中，当防守方在投篮或上篮过程中对进攻方实施犯规，剥夺进攻方进球得分机会时，裁判将给予进攻方罚点球的机会。罚点球是指让被犯规的进攻方队员在罚球区罚球点位置直接投篮。执行罚球时，其他所有队员均需站在罚球区之外，只有执行罚球队员球出手后，其他所有队员方可进入罚球区抢球。罚点球具有专门的一套技术动作：

(一)动作方法(以右腿摆动、左脚蹬离地面为例)

双脚前后站立，一脚立于罚球点上，双臂持球于体前(两手掌心向上平托住球于下腹部之前的位置)，球与下腹部相距30厘米左右，身体重心后移，将大部分体重压在后腿上，上体略微后仰，平视前方。随后，右脚向前下方蹬地发力，推动右腿及躯干向前上方移动。与此同时，右腿由大腿引领向前摆动。当躯干及左腿顺势转动至垂直线位置瞬间，右腿顺势摆过左腿并继续向前上方摆动(即大腿向上抬高)，同时持球双臂围绕肩关节向前上方摆动上抬(肘关节过水平线位置前，尽量不要弯曲)。当右大腿摆动趋近最高点之前，左脚继续向前下方蹬地发力，推动躯干及右腿继续向前上方滑行，两臂持球继续上抬。当身体滑行至最高点时，两肩关节充分打开，两手掌向上抛球并从指尖拨离出手，随后身体自然下落，单脚或双脚落地支撑(见图4-4-1)。

图 4-4-1 罚点球技术动作方法

（二）教学步骤（以右腿摆动、左脚蹬离地面为例）

(1) 徒手练习完整动作：重心后移（体重主要压在右腿上）→右脚蹬地、向前上方摆右腿→（当大腿摆过位于垂直线附近的左腿后）右腿继续前摆高→（右腿大腿摆至最高点时）左脚向前下方蹬地（直至脚尖蹬离地面）→（身体向前上滑行至最高点时）上抬双臂（肘关节尽量不弯曲）→打开肩关节、双手向上做抛球动作。

(2) 徒手练习“蹬地摆腿”与“上抬双臂”间配合的协调性。

(3) 持球练习完整动作。

(4) 持球练习“蹬地摆腿”与“上抬双臂”间配合的协调性。

(5) 练习完整技术，完善动作细节（提高命中率）。

（三）教学组织

(1) 将所有人平均分成两组，相距 2.5 米，一一对应，面对面站立。将对方头顶上方 3.5 米处当作篮筐（虚拟篮筐）。按示范要求，先徒手练习 5 分钟，再持球练习 5 分钟，两组相互监督，交替练习。

(2) 将所有人平均分成四组，每组 6 人，分别围绕一个篮筐，每人距离篮柱底部 2.5 米，持球练习 20 分钟，按示范要求有序练习，自罚自捡球，每人计个人进球数。

(3) 每练习 5 分钟，纠正错误动作 1 次。

(4) 罚篮比赛。将所有人平均分成两组，每组分别围绕一个篮筐，每人距离篮柱底部 2.5 米，持球练习 15 分钟，按示范要求有序练习，自罚自捡球，全组计进球累计数。进球累计数少的队伍，男生每人罚做 10 个俯卧撑，女生每人罚做 10 个立卧撑。

（四）常见错误与纠正方法

(1) 蹬地上篮之前，重心后移不足，体重没有主要压在后腿（右腿）上。

纠正方法：采取侧面示范。跟随老师或榜样者反复对照练习，注意上体移动幅度，体会体重压迫下肢的感觉。

(2) 右腿蹬地摆动不足，大腿没有摆过左腿（垂直线附近），没有带动身体向前上方移动。

纠正方法：采取侧面示范。跟随老师或榜样者反复对照练习。

(3) 右腿蹬地摆动过程中，小腿不放松，膝关节没有打开。

纠正方法：先做抬大腿、放松小腿的练习，反复体会，然后在实际练习中再有意识地放松小腿。

(4) 左脚蹬地不充分，没有有效推动身体向前上方移动。

纠正方法：采取侧面示范。跟随老师或榜样者反复对照练习，同时体会左脚蹬地的力度和幅度，体会躯干的移动。

(5) 下肢几乎没有蹬地动作，仅靠抬举、摆动上肢接抛球来完成动作。

纠正方法：先徒手反复练习下肢蹬摆及蹬离地面的动作，体会下肢蹬摆与上肢抬举、抛球之间的衔接顺序和节奏，然后持球反复练习完整动作。

(6) 上、下肢配合不协调，上肢过早上抬和抛球，使球不易控制、不稳定，导致命中率不高。

纠正方法：先以侧面示范，跟随老师反复模仿练习，然后再持球反复做完整练习，逐步磨合上、下肢的配合节奏和协调性。

(7) 上、下肢配合不协调，在身体下降过程中上肢上抬和抛球，导致投球力量不够。

纠正方法：先以侧面示范，跟随老师反复模仿练习，然后再持球反复做完整练习，逐步磨合上、下肢的配合节奏和协调性。

(8) 蹬地上篮过程中，上肢上抛出球向前上方的角度不够，使球上不了篮筐或出球过平前冲，影响命中率。

纠正方法：先持球反复做下肢蹬摆接上肢上抬抛球动作，然后反复做下肢蹬摆离地、身体向前上方滑行过程中，上肢上摆抛球的动作，注意上、下肢的前后顺序和节奏。如果是球上不了篮筐的情况，应加大蹬地力度及身体向前上方移动的速度；如果是出球过平前冲的情况，应加大蹬地角度和手臂抛球角度。

(9) 双臂抬举、抛球用力不均匀，或单手抛球、拨球。

纠正方法：双手平托球，徒手反复练习双臂直臂均衡抬举、抛球离手动作，尽量打开肩关节。

第五节　行进间上篮技术教学方法

行进间上篮技术是队员直接切入或突破后切入下篮并接队友传球后直接上篮的进攻方式。行进间上篮是进攻队员跑动中接球—两步跑动—蹬地摆腿—上抛球等一系列动作的有机组合，是进攻队员经常采用的且有助于进攻方直接得分的一种有效方法。

行进间上篮技术的具体介绍内容如下：

(一) 动作方法(以右腿落地支撑摆动、左脚蹬离地面为例)

目视传球队员，身体朝向篮架方向起动、加速，当跑至个人适宜位置时伸双手、跳起接球 (步幅较大)。单脚 (右脚) 落地后，身体围绕右脚支撑点向前转动，左腿顺势向前摆动。摆过右腿支撑腿后，左腿加速向前迈进，并随着身体的自然降落，左脚顺势落地支撑。左腿撑地后，右腿随惯性围绕左脚支撑点继续向前上方摆动。当左腿转动过垂直线位置后，开始向前下方蹬地发力，推动右腿及躯干继续向前上方移动(大腿向上抬高)，此时持球双臂围绕肩关节向前上方摆动上抬(肘关节过水平线前，尽量不要弯曲)。当右腿大腿摆动趋近最高点之前，左脚继续向前下方蹬地发力，推动躯干及右腿继续向前上方滑行，此时两臂持球继续上抬。当身体滑行至最高点时，两肩关节充分打开，两手掌向上抛球并从指尖拨离出手，随后身体自然下落，单脚或双脚落地支撑(见图 4-5-1)。

图 4-5-1 行进间上篮技术动作方法

(二)教学步骤(以右腿落地支撑摆动、左脚蹬离地面为例)

(1) 复习原地罚球完整动作。

(2) 徒手练习“加速跑—跳起接球”动作。

(3) 徒手练习“加速跑—跳起接球—单腿(右腿)落地—左腿快速前摆落地—右腿加速上摆—抬双臂”动作。

(4) 徒手练习完整动作，即“加速跑—跳起接球—单腿(右腿)落地—左腿快速前摆落地—右腿加速上摆—抬双臂—左脚继续蹬地(离地)—身体向上滑行—肩关节打开—两手抛球—手指拨球”动作。

(5) 持球练习完整动作，完善动作细节(目的是提高命中率)。

(三)教学组织

(1) 接横向传球上篮练习(见图 4-5-2)。第 1 排纵向面对篮架，距篮柱 10 米外，每人持球等待；第 2 排与第 1 排呈垂直状态，且第 1 排距篮柱 3 ~ 4 米处(面向第 1 排队友)，准备传球。开始练习时，第 1 排第 1 位先传球给第 2 排第 1 位，紧接着起动加速，在临近传球者时跳起接回传球，并做好后续上篮动作；然后，第 2、3、……N 位接续练习。练习时长为 15 分钟，每 5 分钟角色互换一次。

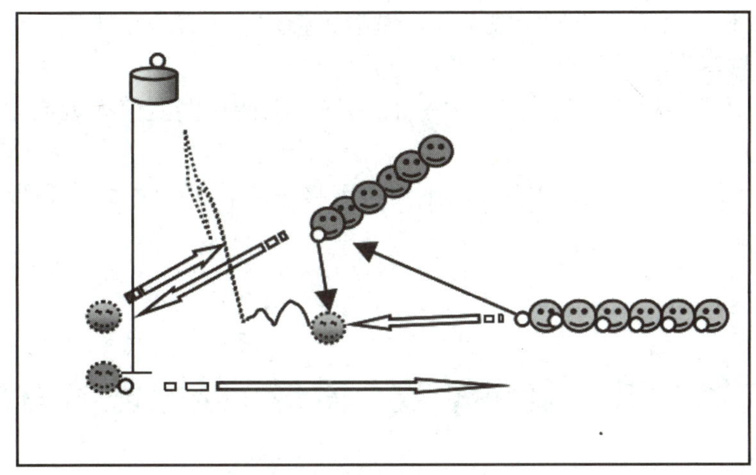

图 4-5-2 接横向传球上篮练习

(2) 2 人一组，1 人持球，相距 8 米左右，面对面站立。一传一跑，练习“加速跑—跳起接球—单腿 (右腿) 落地—左腿快速前摆落地—右腿加速上摆—抬双臂—左脚继续蹬地 (离地)—身体向上滑行—肩关节打开—两手抛球—手指拨球”动作。练习时长为 15 分钟，每 5 分钟角色互换 1 次，互相监督。

(3) 每练习 5 分钟，纠正错误动作 1 次。同时注意接球上篮动作的节奏。

(4) 将所有人平均分成两组，每组分别使用一个篮筐。每组站成一列纵队，距离篮柱 10 米，每人持 1 球；篮柱前 3 ～ 4 米处 1 人负责传球，篮下 1 人负责捡球。按示范要求有序练习，全组计进球累计数。进球累计数少的队伍，男生每人罚做 10 个俯卧撑，女生每人罚做 10 个立卧撑。

(四) 常见错误与纠正方法

(1) 行进间接球时没有跳起接球，影响上篮质量。

纠正方法：反复练习跳起接球动作，1 人抛球，1 人起动上两步后向上高高跳起接球，练习 10 ～ 20 次，巩固动作后，再进行行进间跳起接球的完整练习。

(2) 行进间跳起接球后双脚落地，导致后面的动作难以避免“走步”或“少一步”。

纠正方法：反复练习跳起接球后单脚落地动作，1 人抛球，1 人起动上一步后跳起接球接单脚落地，练习 10 ～ 20 次，巩固动作后，再进行行进间跳起接球的完整练习。

(3) 行进间跳起接球时，第一步太小、第二步“拉大步”，导致上篮质量不高。

纠正方法：反复练习大步幅高跳起接球动作，1 人抛球，1 人起动上两步后尽量拉大步幅并高高跳起接球，练习 10 ～ 20 次，动作巩固后，再进行行进间跳起接球的完整练习。

(4) 身体向前上方移动过程中，上、下肢配合不协调，上肢过早上抬和抛球，使球不易控制、不稳定，导致命中率不高。

纠正方法：先以侧面示范，徒手跟随老师反复模仿练习，然后再持球反复做完整练习，逐步磨合上、下肢的配合节奏和协调性。

(5) 跑动速度太慢，或者在跑动过程中减速接球 (所谓“等球”现象)，影响“接球—上篮”的节奏和质量。

纠正方法：反复练习行进间上篮动作，掌握“接球—上篮”的节奏，老师以“一大二小三上篮”“自然落步，不要减速”等喊话方式提醒。

(6) 跑动距离及接球点与篮筐的距离没控制好，上篮点离篮筐太近或太远，影响上篮节奏及投篮质量。

纠正方法：反复跑动并测量步点，不断调整接球点位置，最终找到最佳上篮距离和节奏。

第六节　篮下助攻(做球)技术教学方法

荷球比赛开球或发球后，内线进攻队员会给外线进攻队员传球、策应和助攻，以尽快打破外线防守队员紧逼的防守局面，拉开距离，从而帮助外线队员获得自由位置或突破上篮。内线队员篮下的传球也称篮下“做球”。

篮下助攻(做球)(见图4-6-1)是内线进攻队员与外线进攻队员策应配合，为外线进攻队员喂球(助攻)的一种进攻技术动作。

图 4-6-1　篮下助攻(做球)

(一)动作方法

(1) 站位：篮下进攻队员面向外围进攻队员，两腿较大距离开立呈半蹲姿势(以扩大防守面)；两手臂自然屈肘外张于躯干侧前位置、肘关节外展(同样为扩大防守面)，即两上臂外展与躯干呈 70°～80°，两前臂向内向前伸展，分别与两上臂呈 90°角，两手自然屈腕，两手掌自然上翻、手掌心向外，双手侧向自然相对，十指自然张开；上体较大幅度前探，两膝关节屈膝前顶，臀部适度后伸，重心置于腹前位置，重力压在两全脚掌上；头部正直面向外围进攻队员，目视前方队友的同时，两眼余光兼顾周围队友及防守队员的动态。

(2) 配合：时刻密切注视外围持球队员的动态，并随时与其做好传接球配合；同时，即时关注外围其他队员的动态，并随时策应其投篮或突破上篮以创造一次或数次的投篮、上篮机会；另外，利用两眼余光或肢体的感觉，及时关注后防队员及其他防守队员的动态，防止其伺机断球。

（二）教学步骤

(1) 学习篮下助攻（做球）技术的功能和特点。

(2) 学习篮下助攻（做球）技术的站位。

(3) 学习篮下助攻（做球）队员与外围同伴队员间的传接球配合（含多次进攻）。

(4) 学习防止防守队员的干扰和断球。

(5) 学习篮下助攻（做球）完整技术。

(6) 学习篮下助攻（做球）队员与外围队友间配合的默契度（如眼神交流、手势交流等）。

（三）教学组织

(1) 集体示范、讲解。找 1 名荷球运动素养较好的同学配合示范，老师担任做球队员的角色，学生担任传球进攻队员的角色。老师动作示范并逐点讲解，其他人分站两列听讲或提问。

(2) 2 人一球，其中 1 人负责做球，1 人负责传球进攻，进行做球队员与外围传球进攻队员间的传接球练习，或做球队员与外围传球进攻队员间的策应配合，反复练习 5 分钟。

(3) 4 人单线攻防。4 人一球，其中 2 人负责进攻 (1 人负责做球、1 人负责传球进攻），2 人负责防守。进行做球队员与外围传球进攻队员间的传接球练习，或做球队员与外围传球进攻队员间的策应配合，或做球队员防止防守队员的干扰、断球行为练习，反复练习 10 分钟。

(4) 8 人一球进行教学比赛，老师执裁。当比赛过程中出现了犯规、违例等状况时，老师随时中断比赛，进行现场讲解和分析。比赛共分 2 节，每节 10 分钟，共 20 分钟。

（四）常见错误与纠正方法

(1) 做球队员站位时警惕性不够，屈体下蹲幅度较小，四肢外展面较小，身体重心太高，传接球时容易被防守队员干扰或断球。

纠正方法：两上臂外展与躯干呈 70° ～ 80°，两前臂向内向前伸展，分别与两上臂呈 90° 角。

(2) 做球队员与外围队员配合时身体紧张度不够，上体前倾程度不够，四肢没有有意识地外展，眼睛余光没有时刻关注外围环境，被干扰、断球较多。

纠正方法：老师先示范，强调上肢、躯干、下肢关节的角度，身体紧张度及注意力的重要性。然后，学生集体镜面模仿动作，老师逐一纠正学生的姿势和动作，同时用口令不断提醒学生的动作和专注度。

(3) 做球队员专注度不够，与外围持球队员配合不默契（眼神、手势交流不够），导致传接球失误较多，外围持球队员的投篮机会或摆脱防守队员的机会较少。

纠正方法：

方法一　3 人进攻、3 人防守；进攻队员中，1 人负责做球，与 2 名外围队员配合；外围队员每人可单线调动防守队员摆脱进攻，也可相互传接球换位跑动进攻，旨在练习做球队员的注意力和视野范围。

方法二　眼神交流和手势交流练习，队员之间协商好暗示眼神（示意传接球的时机），以及各种暗示手势(示意传接球的时机)。

(4) 做球队员竞赛意识淡薄，技术运用不够灵活，没有随防守队员的位置变化而随时调整自身位置和动作(如卡位等)，被干扰或断球的机会较多。

纠正方法：专门进行做球队员的眼睛余光范围(视野)加强练习和身体位置感觉练习，在此过程中，结合下肢和躯干的卡位动作，且应时刻提醒。4 人一组，2 攻 2 防，练习 5 分钟。

(5) 做球队员视野狭窄，不太关注外围其他进攻队员的动态，以至于进攻路线单一，进攻变化灵活性较差，进攻效果不好。

纠正方法：8 人一组进行教学竞赛，专门进行做球队员的眼睛余光范围(视野)加强练习，尤其关注外围远端队员的动态，且应时刻提醒，持续练习 10 分钟。

第七节　罚自由球技术教学方法

当进攻方在进攻传接球过程中被防守方严重犯规时，裁判员判进攻方获得罚自由球的机会，即让被犯规进攻队员持球站在罚自由球区的罚球点上，其他队员全部站在区外，然后让区内主罚队员与区外队员进行短距离的传接球进攻配合。这就赋予了区内主罚队员处于有利位置的权利，进攻方也因此更容易获得得分机会。罚自由球所涉及的各种技术如下：

(一)动作方法

在进攻方尚未实施上篮或投篮动作之前，防守方针对进攻方的严重犯规，应判进攻方在规定区域内罚自由球，即由罚球点主罚队员快速发球后，第一接球队员可伺机快速投篮或回传给主罚队员或快速传给其他队员，在接到第一传球队员的传球后，主罚队员或其他队员可再伺机快速投篮或传球。罚自由球技术分罚球前的站位技术和罚球技术两个环节，其中罚球技术包含进攻队员技术和防守队员技术。

1.站位

(1) 罚球点主罚队员(见图4-7-1)：听到裁判判罚哨音(及看到裁判手势)后，迅速在罚球线(圆心)后侧站定(脚不可过线)，两腿弯曲呈半蹲状态，上半身前探，两手臂半屈前伸，双手翻腕自然持球，随后身体任何部位皆呈相对静止状态。

图 4-7-1　站位 1

(2) 自由球罚球区外的进攻队员 (见图 4-7-2)：听到裁判 (老师) 判罚哨音 (看到手势) 后，各进攻队员迅速在自由球罚球区外更靠近球柱的位置站定，各进攻队员之间相距不少于 2.5 米。自由球罚球区边缘的队员 (两脚一般外切自由球罚球圈) 两腿弯曲呈半蹲状态，下肢尽量张开扩大伸展面，上半身前探，两手臂尽力前伸并远离防守队员，随后身体任何部位皆呈相对静止状态。

图 4-7-2　站位 2

(3) 自由球罚球区外的防守队员：听到裁判 (老师) 判罚哨音 (看到手势) 后，各防守队员跟住所防队员并迅速抢到更靠近球柱位置站定，两腿弯曲呈半蹲状态 (半蹲幅度较大)，一脚外侧尽量抵住进攻队员脚的外侧，上半身尽量向进攻队员方向前探，两手臂尽量伸向进攻队员的手臂，伺机干扰来球或断球，随后身体任何部位皆呈相对静止状态。

2. 开始罚球

(1) 罚球点主罚队员：听到裁判 (老师) 哨音后，迅速伸展两臂推动球快速向前，用两手腕将球快速弹拨给最有利位置进攻队员或有防守漏洞的进攻队员；当看到球回传过来时，双脚提前向前下方蹬地，推动身体向后上方跃起，空中接球后双脚分开，前后依次落地；等后脚掌落地、后腿支撑立住身体之后，前脚掌顺势蹬地推动身体围绕后脚掌支撑点转动，将“躯干—后腿”一线推动转至 90° 或大于 90°，前腿继续高抬稍过水平位置，紧接着双手于颌前或额前上方迅速将球投向篮筐方向。

(2) 自由球罚球区外的进攻队员：双手远离防守队员并尽量前伸，集中注意力接罚球点队员传球；见来球后，迅速回缩手臂缓冲来球力量，将来球控制到静止状态时，伸臂伸手腕将球迅速弹拨给罚球点队员 (当有防守队员防守时)。

(3) 自由球罚球区外的防守队员：面向罚球点主罚队员两脚略微前后站立，身体呈较深度半蹲状态，上半身前倾，重心落在两前脚掌上，同时眼睛紧盯主罚队员，注意力高度集中；见主罚队员将球刚发离手，两脚即刻蹬地，加速冲向罚球点，伸手臂并迅即靠近主罚队员，尽可能形成防守位置。当见罚球点主罚队员将球发给自己所防进攻队员时，两手臂尽量伸向所防队员，伺机干扰来球或截断来球。

(二) 教学步骤

(1) 学习罚自由球的步骤与要求。

(2) 学习短距离快速传接球技术。

(3) 学习罚自由球的基本站位。

(4) 学习主罚队员罚球时的方法与要求。

(5) 学习其他进攻队员罚球时的方法与要求。

(6) 学习防守队员罚球时的方法与要求。

(7) 学习罚自由球的区域攻防配合。

(三) 教学组织

(1) 2 人一组，排成两排，做近距离 (2.5 米) 快速短传、接球练习。

(2) 3 人一组 (一对二)，做近距离 (2.5 米) 短传、接球练习，其中罚球区外的两人相距不少于 2.5 米，罚球区内的主罚者接球时必须采用“向后跳起接球、落地后支撑接投篮”动作。

(3) 罚球点主罚队员与自由球罚球区外的队员的各个技术配合及其相应的防守配合：半区场地，8 人一组，各环节、细节技术动作反复练习至少 16 遍，各个位置循环换位，每人在每个位置上的技术动作至少练习 1 次。

(4) 自由球罚球区以外队员的技术要点：半区场地，8 人一组，练习罚球区以外队员的进攻技术及其相应防守队员的防守技术，至少 8 遍，自由球罚球区以外位置技术要点至少练习 1 次。

(5) 举办半区教学比赛。

(四) 常见错误与纠正方法

(1) 犯规哨音响后 (第一个 4 秒期间)，注意力不集中，反应滞后，站位 (抢位) 不及时，没有占据有利位置。

纠正方法：反复进行听哨音、抢位练习。

(2) 自由球罚球区外的进攻队员和防守队员站位不正确，或攻防双方腿脚交叉站位，或下肢跨球柱站位，或脚越线站位。

纠正方法：场上学生练习“听第一个 4 秒哨音后站位 (抢位)”时，老师应不断以“注意站位方式！”“注意不要踩线！”等喊话方式提醒；反复练习。

(3) 自由球罚球区外的防守队员防守过度，手臂或躯干侵犯进攻队员的合法空间。

纠正方法：反复练习听哨音抢位，老师则不断以“注意防守犯规！”等喊话方式提醒；反复练习。

(4) 罚球点主罚队员及自由球罚球区外的队员罚球时紧张度不够，注意力不集中，身体松散，或哨响之前提前迈脚犯规，或防守不到位。

纠正方法：做听哨音抢位练习时，每位队员默念读秒 (4 秒)，老师同时以“注意上下肢屈伸幅度！”“注意躯干前倾角度！”等喊话方式提醒，强调身体的关键细节；反复练习。

(5) 发球哨音吹响前 (第二个 4 秒期间)，队员身体任何一个部位有晃动，或者防守队员对发球有干扰行为。

纠正方法：加强场上队员在发球哨音吹响前(第二个4秒期间)对身体的静态控制意识和静态控制能力(默念秒数)；反复练习。

(6) 罚球点主罚队员及自由球罚球区外的队员罚球时，上体屈体前伸不够，躯干和上肢没有尽力伸向同伴队员。

纠正方法：老师先示范，明示下肢、躯干和上肢屈伸的角度和幅度，然后 2 人一组，面对面相距 1.5 ～ 2 米左右站立，每人做到较大幅度半蹲，上体前探，上肢前伸，尽量前伸向对方的指尖；反复练习。

(7) 罚球点主罚队员及自由球罚球区外的进攻队员传接球时，没有充分利用腕部力量及其伸缩度，上肢伸缩度过大而影响传球速度和效率，以致主罚队员失去投篮机会。

纠正方法：老师先示范，强调下肢、躯干和上肢屈伸的角度和幅度，然后 2 人一组，1 个球，面对面相距 2.5 米站立，练习“较大幅度半蹲—前探躯干—前伸手臂—快速小幅度回缩手臂—后翻手腕将球缓冲至静止状态—快速前伸手臂将球弹拨给对方”的动作；反复练习。

(8) 罚球点主罚队员接回传球的时机把握不好，接球前“后跳”过早或过晚，以致接球效果不好或失去投篮机会。

纠正方法：老师先示范，强调后跳接球的时机及传球的力度、速度和高度，然后 2 人一组，1 个球，面对面相距 2.5 米站立，其中 1 人负责传球，1 人练习“后跳接球—落地投篮”动作，反复多次后，互换角色练习。

(9) 罚球点主罚队员灵活性不够，或视野不够开阔，与外围进攻队员配合默契度不够，进而不能很好地把握外围队员的进攻机会。

纠正方法：安排学生站立于球场的内圈和外围，罚球点主罚队员用眼睛余光注意外围队员；发球时主罚队员有意识地兼顾外围队员，伺机传球给外围队员进行进攻配合。反复几次后，轮换角色练习。

(10) 罚球点主罚队员及其他进攻队员的二次进攻意识不强，连续配合和灵活变化能力较差，进而失去得分机会。

纠正方法：进攻队员之间反复练习传接球配合，尤其是练习在防守到位时的应变配合能力。8 人一球，4 人 (进攻队员) 积极跑位、努力创造自由位置，接球伺机投篮；4 人 (防守队员) 紧逼防守，努力创造防守位置。进攻中，持球人在被防住的一瞬间，迅速传球至另一进攻队员，如此循环往复。几轮进攻之后，轮换角色练习。

1. 荷球基本技术教学主要特征有哪些？

2. 荷球基本技术教学的方法有哪些？

3. 自由位置与防守位置的关系是怎样的？在争夺自由位置与防守位置的过程中会用到哪些无球移动技术？

第五章　荷球运动的战术

学习提要与目标

本章主要阐述荷球战术理论、战术意识、战术运用与战术分类，荷球比赛中采用的阵型、位置职责及队形动态变化的规律，进攻与防守战术中个人、局部、整体战术的方法、要求、注意事项，以及运用战术时应遵循的原则。通过学习本章知识，要求了解在前防守、在后防守、传切配合等重要的荷球战术概念，了解荷球比赛中阵型及球员位置的分类，了解局部进攻战术中常见的四种配合，了解如何进行局部防守战术，以及在前防守和在后防守的区别。

第一节　荷球战术的概念与分类

荷球战术是指在荷球比赛中为了战胜对方，根据主客观情况所采取的个人行动和集体配合的方法。

“战术”借用自军事术语，“战”可以理解为比赛，“术”可以理解为方法、方式、行动、动作。荷球比赛自游戏发展而来，自诞生之初就伴生了简单、朴素的战术，随着荷球运动的不断发展，新的战术会层出不穷。

战术的运用以运动员的体能为前提，技术为基础，心理素质为保证。从战术能力来看，对运动员的体能、技术、心理素质有着相对独立的要求，同时又要求它们协调发展并融为一体。所谓相对独立，是要求这些素质必须在相应的训练中获得高度发展，而这种融合，指的是必须通过系统性地训练和在技术、体能训练中对战术意识的有目的的培养，并通过比赛的锤炼才能使它们相互作用、彼此交融，才能不断提高运动员的战术能力。

战术能力包括战术理论、战术意识、战术运用。

一、战术理论

战术理论是战术实践和智慧的总结与升华，它源于实践、高于实践，又反作用并指导战术意识和行动。

战术理论在不断地发展变化，运动员和教练在认真学习战术理论的同时，还应吸取、借鉴其他竞技运动项目的战术理论，不断充实、完善荷球运动的战术理论。

二、战术意识

战术意识是指在临场比赛的复杂多变的情况中，运动员根据比赛规律和各方面的情况随机应变决定自己行动的自觉的心理活动。

战术意识具有预见性、目的性、针对性、准确性、灵活性、隐蔽性、创造性等特征。意识支配着行动。

三、战术运用

战术运用具有针对性与灵活性等特点。运动员应根据进攻双方的实力和特点，以及主、客观因素作出正确判断，确定自己的战术，过高或过低地估计对手或自己，都将导致战术运用的失败。战术运用有战术数量和战术质量两大要素。

(一) 战术数量

荷球比赛变幻莫测，只有不断地研究对手、磨练自我，不懈探索攻守配合的方法，掌握尽量多的战术打法，才能提高运动员在赛场上的应变能力、创造能力，掌握比赛的主动权、制胜权。

(二) 战术质量

每一个战术的实施和配合，必须符合运动员的特点，进行反复演练，并在比赛中逐渐形成基本的、行之有效的战术。战术质量的高低体现在以下几个方面。

1) 熟练

符合本队特点的基本打法要反复训练，要求每一位运动员将战术铭记于心，熟练掌握到不假思索就能做出动作的“自动化”程度，能在场上不断变化、复杂的情况下创造条件并贯彻实施。

2) 先进

密切关注荷球运动的新动向，及时捕捉新信息，总结训练出新的、有效的战术配合打法，使对手难以适应，取得理想效果。

3) 绝招

绝招意味着他无我有，他有我精，他精我变。没有绝招的运动员不是优秀的运动员，没有绝招的球队也难以称雄。

4) 创新

创新意味着探索、追求、发展与奋进。创新有时会遭遇暂时的挫折和失败，但最终会走向胜利。

四、战术分类

荷球比赛是由攻与守组成的，根据攻守这对基本矛盾，荷球战术方法可分为进攻战术和防守战术两大类（见图 5-1-1）。攻守战术又分别包括个人战术、局部战术、整体战术和自由球战术。

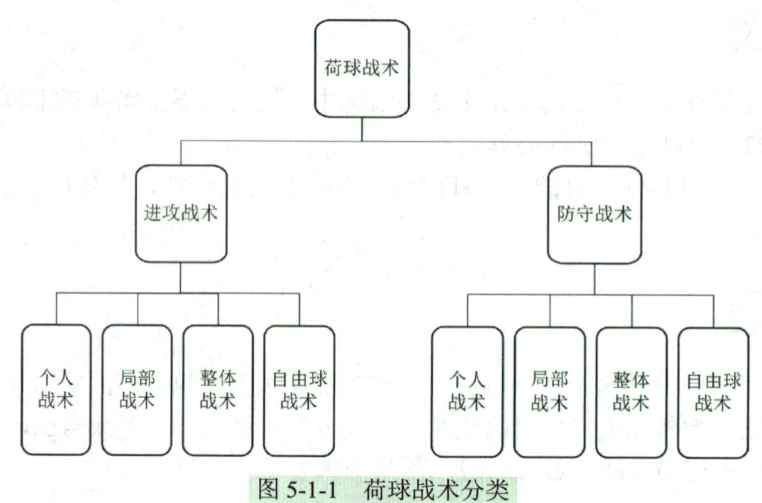

图 5-1-1　荷球战术分类

第二节　比赛阵型

比赛阵型是指比赛场上队员的位置排列、攻守力量搭配和职责分工的形式。阵型的序列一般以球柱为中心，从外到内分为三个区域(见图5-2-1)。比赛中，根据运动员在不同区域的落位就形成了不同的比赛阵型。

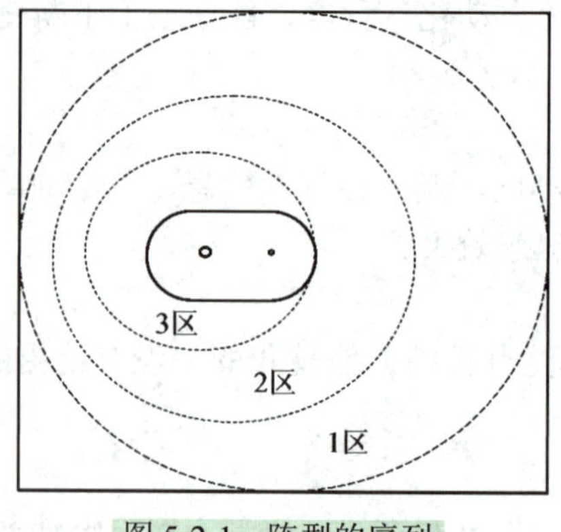

图 5-2-1　阵型的序列

比赛阵型种类繁多，但要依据运动员的条件、特长和对手的特点来选用。选择比赛阵型时，每位运动员应明确其基本位置和主要职责，这样才能充分发挥每位运动员的主动性和创造性，切不可为了追求阵型的形式，而限制了运动员的特长。

一、荷球比赛中采用的阵型

1. 4–0–0 阵型

4-0-0 阵型 (见图 5-2-2) 是指进攻的四人均匀地落位在球柱的四周，成包围状。其特点是队员之间的移动空间大，篮下比较空虚，适合于摆脱后切入上篮，对手不容易协防和补防。

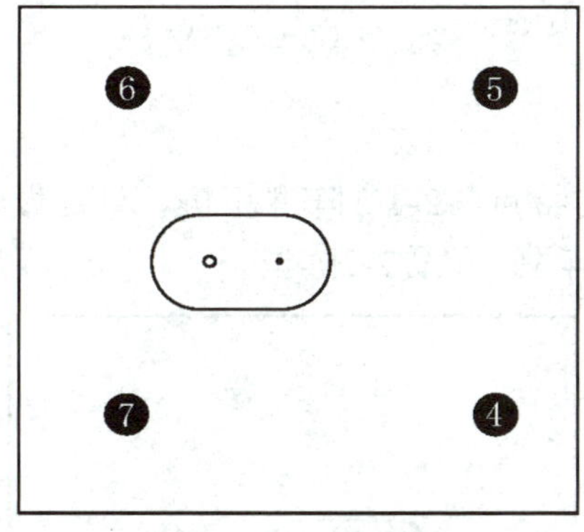

图 5-2-2　4-0-0 阵型

2. 3–0–1 阵型

3-0-1阵型(见图5-2-3)是指三人以三角形落位在球柱的四周，一人站在篮下助攻或抢篮下球。其特点是分工较为明确，基本形成了内外夹攻的阵势，便于助攻和投篮后的抢篮下球。常在外围队员切入技术较好的异性队员之间采用。

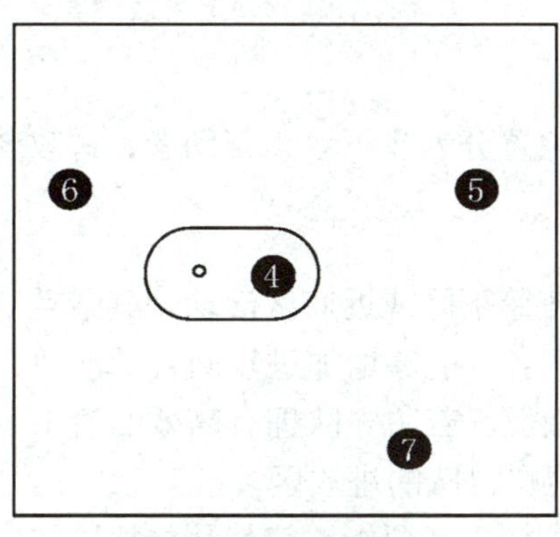

图 5-2-3　3-0-1 阵型

3. 2–1–1 阵型

2-1-1阵型(见图5-2-4)是指一人在篮下附近做球，两人在外围进攻，另一名队员在篮下担当抢篮下球的任务。其特点是分工明确、布局合理。但只有当主攻队员、辅攻队员和助攻队员清楚地知道任务时，才能创造出更多的切入和外线投篮的机会。

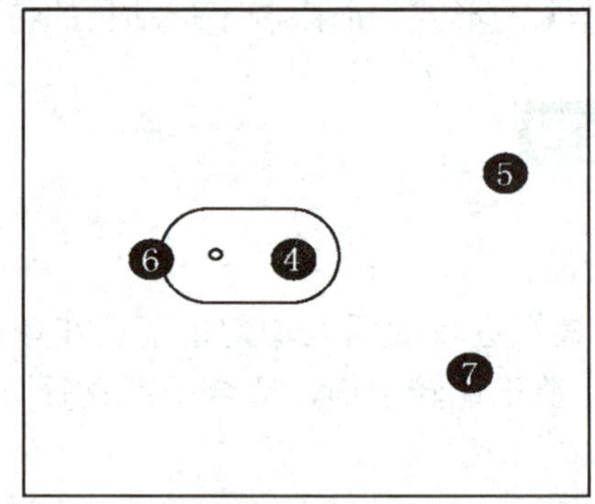

图 5-2-4　2-1-1 阵型

4. 2–0–2 阵型

2-0-2阵型(见图5-2-5)的特点与2-1-1阵型相仿，只是做球队员站的位置比较接近篮下，和其他队员形成了2-0-2阵型，又称2-2阵型。

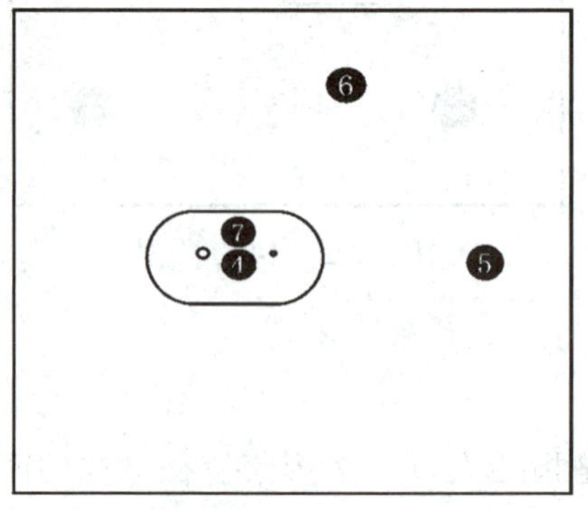

图 5-2-5　2-0-2 阵型

二、位置职责

在荷球战术中，队员的位置分为篮下者、帮助者、进攻者。其具体职责如下：

(一) 篮下者的职责

篮下者通常身材高大，在篮下区或近篮区活动，其最重要的作用是抢下投篮不进的反弹球。进攻队若有高效的篮下者，能够增加进攻回合的次数，可以让同队的进攻者提高投篮的信心，增加得分机会。相反，若防守队拥有高效的篮下者，能够在进攻队投篮不进后很快地抢回控球权，将球传至自己队的进攻区。

当防守者不专心防守时，篮下者要能够突然移位摆脱防守，在篮柱附近要球投篮。在一场顶级比赛 (时长为 40 分钟) 当中，篮下者的出手次数约为 4 ～ 12 次，其在篮柱附近的命中率高达 30% ～ 50%。

篮下者在篮柱附近若有良好的得分能力，将会给予队友更多的协助。在一场顶级比赛中，高效的篮下者能有 70% ～ 80% 的篮下得球率，拿下 15 ～ 25 个出手后不进的反弹球。

篮下者最重要的心态是要有强烈的动机拿下每一个投篮不进的球。篮下者与帮助者在篮柱附近可适时地交换彼此的角色。

(二) 帮助者的职责

帮助者的主要作用是组织团队进攻，选择良好的喂球位置进行传球，从而帮助进攻者得分。

一般来说，越接近篮柱的位置，就越是良好的喂球位置。因为帮助者在此位置时，面对的球场范围更为宽广，给进攻者传球的角度也就越宽广，进攻者移动范围更大，选择投篮的位置也就越多。良好的喂球位置通常是在距篮柱不超过 3 米左右处。帮助者要清楚知道进攻者的需求，了解进攻者的得分时机，抓住传球的时机，帮助进攻者得分。当帮助者在进篮区获得自由位置时，应把握投篮良机 (角色转换成进攻者)。在高水平的比赛中，帮助者每场比赛出手的次数大致为 5 ～ 10 次，命中率为 16% ～ 30%。

(三) 进攻者的职责

进攻者的主要作用是得分，一般分为主攻者和副攻者。

高效率的主攻者，每场比赛大约可得 4 ～ 6 分 (若自由球及点球包含在内的话，约 7 ～ 8 分或更高)，平均命中率为 20% ～ 30%(不包括自由球及点球)。一般而言，主攻者的自由球与点球得分占其总得分的 30%。高效率的主攻者，其进攻方式是变化多端的，包括外围静态投篮、切入上篮、动态移位投篮等，能够在任何时间及位置出手投篮。主攻者在远篮区有良好的得分能力，尤其是处于完全自由位置时，命中率会高于 30%，这样会迫使对手必须接近防守，因此也较容易切过对手从而获得上篮的机会。主攻者在较困难的情况下，尤其是处于制胜的关键时刻，应挺身而出并想办法寻找好的得分机会。优秀的主攻者总是以正面的态度和情绪面对逆境。

主攻者通常依赖帮助者和副攻者的助攻，因此，这三者之间的合作是提升得分效率的关键。当其他防守者的注意力转移到主攻者身上企图帮助协防，而忽略自己应该防守的球员时，主攻者的队友将因此获得自由位置，主攻者就可以立即将球传给该名队友投篮或上篮。高水平的主攻者能在自己位置或状态不佳时，适时地变化角色帮助其他队友得分。

在比赛中，主攻者在“明处”，副攻者在“暗处”，所以，副攻者亦可称为“影子杀手”或者“影子攻击者”。在一场比赛中，副攻者的投篮次数仅次于主攻者，大约是主攻者投篮次数的 50% ～ 60%。优秀的副攻者命中率在 20% ～ 30%。副攻者的一对一进攻能力不弱于主攻者，副攻者通常会趁其防守者视线转移到主攻者身上而企图协防和抢断球时，要球投篮得分。

副攻者通常在远篮区通过配合主攻者的行动来调整自己的移位路线，通常是在离篮柱 6 ～ 8 米处展开攻击。副攻者要经常跑动，保持威胁性，让自己的防守者无法协防和抢断球，帮助主攻者能够专心地进行一对一进攻。优秀的副攻者虽然没有较多的投篮机会，但总能保持耐心，做好心理准备，抓住良机投篮得分。

副攻者也是一位非常好的传球者，利用过渡性的传球，让帮助者有充分的时间取得良好位置接球进行助攻。副攻者经常通过长传球改变进攻面 (区域)，让防守者疲于防守，进而协助其他队友做好自己的任务。当进攻角色变换时，副攻者经常会转变为主攻者或者帮助者，这种角色的变化可使防守者措手不及，从而能够为进攻队制造出具有创意的得分机会。

第三节 进攻战术

进攻战术是指在比赛中为了战胜对手所采取的个人进攻行为和集体配合的方法。

一、进攻战术原则

荷球比赛中，当本队队员获得球的瞬间，进攻就开始了。进攻战术应遵循全方位、灵活、应变等原则。

1. 全方位

当进攻区队员获得球的同时，其他三名队员应充分利用荷球场地 360° 可以投篮的特点，积极移动，让防守方不能人球兼顾，从而为团队进攻创造更多的时间和空间。

2. 灵活

防守是被动行为，进攻是主动行为。比赛场上情况千变万化，刻板、教条的战术打法在荷球比赛中很难奏效。进攻方应通过积极主动、机动灵活的有球和无球移动，不断变化进攻的节奏、方位、位置、区域、距离等，使防守方顾此失彼，防不胜防。

3. 应变

在高水平的比赛中，防守方的防守战术是不停变化的，进攻方要以最快的速度改变进攻阵型，破解对手。这对进攻队员的技、战术能力，反应速度，比赛经验和悟性有较高的要求。

二、个人进攻战术

个人进攻战术是指进攻者在比赛中为了战胜对手而采取的符合整体进攻目的的个人行动。个人进攻战术是构成局部和整体进攻战术的重要环节，个人进攻战术水平的高低直接影响着局部和整体进攻战术的质量。个人进攻战术包括传球、投篮、切入、卡位、跑位。

（一）传球

传球不仅仅是荷球运动中最重要的技术之一，还是整体战术配合的基础，是组织进攻、变化战术、创造投篮机会的主要战术方法。传球是比赛当中运用最多、最重要的技、战术手段。传球的水平代表着一名运动员和一支队伍整体能力的高低，传球成功率往往决定着比赛的胜负。

传球在比赛中的表现形式多种多样，按触球方式，分为单手传球和双手传球；按传球距离，分为短传 (7 米以内) 和长传 (7 米以外)；按传球高度，分为击地球、平直球、高吊球。

传球应遵循时机、准确、力量、全面等原则。

1. 时机

传球时机就是在比赛中能使队员和球同时到达防守空当内的传球时间机会。对传球时机的判断能够体现出运动员的战术意识和成熟程度。若传球时机过早，队员尚未摆脱跑位，可利用的空间和传球路线还没有创造出来；若传球时机过晚，可利用的空间又被防守上，队员需要重新摆脱跑位。时机具有复杂性，受时间、空间、接球者、球、防守者、其他队员及场地等因素影响。

2. 准确

荷球运动是一项依靠传接球来组织进攻的运动。现在的荷球比赛节奏快速、对抗激烈、防守严密，这就要求传球要准确，包括球的高度、方向、位置等。能传平直球，不传击地球；若防守者在队员的左侧，球就要传到队员的右侧。传球的落点，要比队员接球点略靠前。

3. 力量

队员之间传球的力量在荷球比赛中经常被忽视。传球力量应有利于队员控制球、支配球而不应给其造成麻烦。传球力量应适当，若传球力量太小，球会被截断而无法达到目标；若传球力量过大，则会造成队员接球失误而失去时机。

4. 全面

只有全面掌握各种传球技术，才能在纷繁复杂的比赛环境中传出适合各种高度、距离、落点的球，有效组织进攻，创造出更多的投篮机会。

（二）投篮

投篮是一切进攻战术配合的最终目的，是进攻得分的唯一手段，也是进攻战术最重要、最困难、最振奋人心的环节。在荷球比赛中，要想在对方严密防守和激烈对抗的情况下有效地完成投篮动作，队员一方面必须要有强烈的投篮欲望，善于抓住投篮时机；另一方面需要有更多的自由空间和准确性。

1. 强烈的投篮欲望

在各级别的比赛中，经常可以见到许多 8 米之内的空位投篮机会被放弃，或被传球所取代。各个年龄段的队员都应该清楚地知道，在该投篮的位置和时机中而不投篮是极大的错误。队员具有强烈的投篮进球意识和欲望，抓住投篮的机会是获胜的前提。队员应敢于在激烈的对抗中完成投篮动作，勇于承担投篮不进的风险责任。

2. 更多的自由空间和准确性

投篮时，投手需要有更多的自由空间。准确是投篮的前提，也是能否把球投进篮筐的关键。在准确的基础上，还要有出手速度，速度越快，越不容易被防守者封住。

（三）切入

切入是极为重要、极具威胁性的个人进攻战术，是进攻者突破防守、靠近篮下、创造自由位置的重要方法，也是制造更好的投篮机会的有效手段。切入时，进攻者应先观察防守者的位置和意图，然后突然变向，直线切入，占据防守者的跑动路线，让防守者彻底失去防守位置。

（四）卡位

卡位同样也是极为重要的个人进攻战术。对于进攻者来说，卡位是增加得分概率的重要手段；对于防守者来说，卡位是获得球权的重要手段之一。

卡位时需要注意两点，即卡住对手移动路线和判断球的落点。

（五）跑位

跑位是指在比赛中进攻队员在无球的情况下，通过有意识的跑动，为自己或队友创造进攻机会的行动。跑位是整体进攻战术的基础，是进攻队员为了获得球的准备行动，也是摆脱对方防守，为自己和队友创造出获得球或投篮的时间和空间的重要手段。敏锐的观察、明确的目的、合理的时机、多变的行动，是跑位的主要战术内容。

1. 敏锐地观察

当本队队员得球、由守转攻时，其他队员的首要任务就是观察控球队员所处的场区位置、控球情况、传球角度和方向；其次，还要观察其他无球队员的活动及对方防守的情况等。跑位队员在了解以上情况之后，应根据本队的战术打法特点和自己肩负的任务进行合理跑位，用最短的时间观察与判断，迅速采取最佳行动，这样才能取得良好的效果。

2. 明确的目的

跑位是为了让自己或队友获得球，并且创造出投篮的时间和空间。

3. 合理的时机

跑位要及时、合理。场上出现的空位往往是稍纵即逝，过早或过晚跑位，都会失去机会。合理的跑位时机，受跑位队员、传球队员控球的情况和传球的时间、空间及防守队员的位置、行动意图等影响，需要跑位队员、传球队员具有高度统一的战术意识和默契的配合能力。

4. 多变的行动

(1) 传球后立即跑位：有利于形成连续不断、协调一致的进攻配合。

(2) 隐藏跑位意图：跑位前利用假动作（包括变速、变向）迷惑对手，然后突然起动摆脱对手，跑向预定位置。

(3) 以己之长，克彼之短：比赛中要尽快掌握对手的情况，根据对手的体能、速度、战术意识、经验等特点合理跑位。

三、局部进攻战术

局部进攻战术是指在进攻过程中，两名或多名队员之间的配合方法。它是集体配合的基础，其基本配合形式有转换角色配合、传切配合、交叉换位配合、切分配合。

（一）转换角色配合

转换角色配合是指两名进攻队员在篮下为达到做球目的和获得有利的进攻位置所进行的角色转换，或是为改变攻防位置所采取的方法与手段。

荷球比赛中，根据不同队员的特长和技术特点，其在赛场上所担任的职责和角色有较明显的分工，一旦队员的位置和角色产生变化，就要通过一系列的方法和手段进行调整。有时，在篮下做球位置得到球的并不一定是做球队员 (帮助者)，也可能是篮下者或者其他队员。荷球比赛中，多数情况是篮下者常常利用自己身体的有利条件得到球后和帮助者进行转换角色配合。可以说，这是帮助者为了在篮下获得球和篮下者为了在篮下取得有利的抢篮下球的位置常用的一种方法。

转换角色配合的具体方法：篮下者拿到球时(包括获得进攻篮下球，利用自己的身高优势接到外线队员的传球，通过跑到篮下接同伴的传球等)，帮助者从持球队员的一侧移动到另一侧，在移动中利用持球队员的身体将防守队员挡在身后，同时接同伴的喂传球(见图5-3-1)，完成第一步。需要注意的是，喂传球时一定要抛接或反弹，要保护好球。

图 5-3-1　喂传球

将球交给帮助者后，篮下者要立即抢占抢篮下球的位置，如果没有抱到好的位置，可以从做球队员的一侧向另一侧移动。在移动中，篮下者要紧贴做球队员，不给防守者留出空隙，同时要观察防守队员，如果防守队员跟随移动，这时可以利用这个机会获得篮下球的有利位置，完成第二步。之后，篮下者将防守队员牢牢挡在身后，同时示意队友投篮。如果防守队员不跟随篮下者移动，说明防守队员放弃了防守位置，这时篮下者可以突然向外拉开与防守队员的距离，接球投篮。

转换角色配合是全队战术的开始，一旦完成此配合就预示着进攻的开始。

(二) 传切配合

传切配合也称传二次球切入，是指控球队员先将球传给篮下的助攻者，然后利用突然起动切过防守者，再接助攻者传球上篮的一种配合方法，是局部进攻战术中运用最多的一种方法。

(三) 交叉换位配合

交叉换位配合也称同性队员交叉切入，是指两名外围进攻队员交叉换位时，出现投篮机会或切入机会的一种配合方法。

交叉换位配合成功的要素有：

(1) 交叉换位时，要给防守队员留有足够的防守空间，若是通过掩护进行交叉换位，取得空位后投篮则属于违规。

(2) 外围进攻队员必须一前一后保持一定的速度相向交叉跑位，这样才会出现防守队员换防失误的机会。

(四) 切分配合

切分配合也称切入分球投篮，是指在进攻队员切入后接球准备上篮时，被另一名防守队员补防后，将球传给篮下者的配合方法。

切分配合成功的要素有：

(1) 因为切入者会受到篮下防守者的补防，为了更好地把球传出，篮下者的拉出路线不要与切入者、球柱成一条直线。

(2) 切入者应该选择合理的路线进行切入，吸引篮下防守者补防，然后分球给篮下者投篮。

四、整体进攻战术

整体进攻战术是指为了完成进攻战术任务所采用的全局性的进攻配合方法。

整体进攻战术涉及全部队员，是全队协调一致的行动，整体进攻战术的运用能力体现了一个队的进攻实力和配合能力。

1) 进攻“在后防守”战术

(1) 目标：卡位者取得抢篮下球的位置。

(2) 进攻步骤如下：

① 卡位者先在篮下做球。

② 帮助者在卡位者身旁接球。

③ 卡位者利用挡拆顺利取得抢篮下球的位置。

④ 外围进攻队员接到帮助者的传球并投篮。

2) 进攻“在前防守”战术

(1) 目标：帮助者可以在合适的位置做球或帮助者可以投篮。

(2) 进攻步骤如下：

① 外围队员利用移动和长传球改变进攻的方向。

② 帮助者利用篮下的卡位者摆脱防守，提前到达做球位置。

③ 如果帮助者不能提前到达做球位置，可根据防守队员的位置，反方向移动，接长传球并投篮。

第四节 防守战术

防守战术是指在比赛中为了阻止对方的进攻和重新控球所采取的个人防守行动和集

体配合的方法。

荷球比赛中，进攻与防守是对立的统一，相互制约，相互促进。这一对矛盾只有在激烈对抗中相互促进，才能形成利矛坚盾，全队的攻守能力才能得到加强。在一场荷球比赛中，双方要进行近 60 次的攻守转换，约 50% 的出手投篮次数需要有 6 次以上的传球才能达成，充分说明了比赛的激烈对抗程度。

一、防守战术原则

荷球比赛中，本队队员失去控球权的瞬间就意味着由进攻转为防守。防守战术应遵循延缓、耐心、变化、判断等原则。

1. 延缓

球队由攻转守最重要得是需要将球从一个区域传到另一个区域，因此要求在失球的瞬间，进攻区的队员就要开始防守，力争夺回球权，或者是干扰对方的防守队员把球顺利传入进攻区，打乱对方的进攻节奏。

2. 耐心

在延缓对方进攻速度的同时，防守队员还要有足够的耐心。荷球比赛中，很少可以直接封阻队员出手投篮，在对方卡位很好的情况下，防守队员很难一次就把球权夺回来，这时就需要防守队员有很好的防守耐性，连续、认真地防守对方的几轮进攻，等待本队卡位者抢下篮下球，夺回控球权。

3. 变化

防守战术是随着对方进攻模式的变化而改变的。当一种防守模式效果不明显时，就需要通过改变个人防守意识和团队防守阵型来重新掌握主动权。

4. 判断

防守队员要能准确判断进攻队员的进攻意图，是想突破，投篮，做球，还是卡位，这样才能早做准备，延缓进攻队员的进攻时机，拖延进攻时间，达到好的防守效果。

二、个人防守战术

个人防守战术是指为了控制对手所采用的个人战术行动。

个人防守战术能够体现出整体战术的特征，也是整体战术的基础。个人防守战术包括断球、封盖、选位、盯人等。

（一）断球

断球是指防守队员将对手的传球从途中截下来或破坏掉的战术行动。断球是转守为攻最主动、最有效的战术行动。

1. 断球的要素

(1) 正确的判断：断球前要正确判断持球队员与接球队员、防持球队员与防接球队员相互的位置及意图，预测传球的时间和线路。

(2) 合理的位置：在正确选位的基础上，防守队员偏向有球一侧移动，并与进攻队员保持合适的距离。

(3) 恰当的时机：对手传出球的一刹那，先于接球队员直线快速移动到传球线路，将球截断下来。

2. 断球注意事项

(1) 隐藏断球意图：防守队员不要紧逼盯防接球队员（保持大约 2 个手臂长度的距离），这样既可防止对方队员传切自己身后空位，又可诱使对方队员向自己身前的接球者传球，陷入断球的圈套。

(2) 顾全防守全局：断球前要分析对手在场上的形势，断球一定要慎重，一旦失误，将造成全局被动。

（二）封盖

封盖是指防守队员用手挡住对手的传球或投篮的战术行动。

（三）选位

选位是指防守队员根据位置职责和临场情况，选择适当的防守位置。

选位应注意的事项如下：

(1) 及时：要先于对手到位防守。

(2) 兼顾：防守队员在盯住自己的进攻队员的同时，要兼顾球和其他三名进攻队员。

（四）盯人

盯人是指在正确选位的基础上，防守队员对对手实施一对一严密防守的战术行动。

三、局部防守战术

局部防守战术是指两名或两名以上防守队员之间的配合方法。它是集体防守的基础，包括保护、补位、交换、提醒。

（一）保护

保护是指在一对一防守持球进攻队员的同伴身后，选择适当位置协防并阻止对方突破的战术配合方法。

防守一旦被持球队员突破，保护者可及时补防，如当同伴夺回控球权时，保护者可及时接应传球回进攻区。

在运用保护战术时有以下要求：

(1) 当进攻方帮助者持球时，保护者需要在帮助者侧面防守，一旦帮助者把球传出，保护者需要立刻绕前防守，防止进攻方队员再次把球回传帮助者。

(2) 当进攻方帮助者外围持球时，保护者防守帮助者的距离是动态变化的，尽量不让帮助者在球柱附近 2 米之内接到球。保护者需要提前判断出帮助者的助攻位置，再提前移动至理想助攻位置进行防守，迫使帮助者改变做球位置。

(3) 保护者不管在什么位置，需要先判断帮助者的传球意图和传球线路，选好位置伸手封阻传球，不能让帮助者轻易传球，达到延误时机的效果。

（二）补位

补位是指防守队员弥补同伴在防守中出现漏洞时所采取的相互协助的战术配合方法。

在荷球比赛中，通过同性队友间的相互补位，可以有效地遏制和破坏对手的进攻行动，变被动为主动。

例如，当防守进攻者的队员（男性）被切入时，篮下防守卡位者的队员（男性）应暂时放弃卡位，弥补被切入队员的防守空位，补防切入的进攻者。

（三）交换

交换是指在进攻阵型为 2-0-2 同性进攻时，进攻队员为了切入得分，这时需要防守队员不仅要防守好自己的对手，同时还要关注队友的情况，一旦发现队友被对手切入，须及时与队友交换防守进攻队员。

（四）提醒

提醒是指在防守中每位防守队员要通过语言告知队友自己对手的行动，使防守配合更加协调、有效。

提醒的适用情况如下：

(1) 在球柱下的防守队员不仅要防守好自己的对手，还需要向外围的队友大声告知对手的情况。这样队友可以提前做好准备，有意识地防止对手切入或者投篮。

(2) 在外围的防守队员只能兼顾两侧的情况，所以当自己的对手投篮或者长传球时，需要大声告诉队友对手的情况。这样队友可以提前知道球的位置，为转身抄截或者抢篮下球做好准备。

四、整体防守战术

整体防守战术是指全队所采用的防守战术，整体防守战术按形式分为在前防守和在后防守。

（一）在前防守

在前防守是指在球柱附近防守时，防守者要与自己的对手保持合适的距离，并且利用移动一直站在对手和外围进攻者之间，不让球从外围传进来，不让对手在篮下拿到球。

在前防守的主要作用在于支援防守外围的队友，让队友能在不被切入上篮的威胁下，盯住外围进攻者，不给对手得分的机会。

假如进攻者无法突破在前防守，那么只能选择长传球的方式远投，而且经常是在困难情况下出手，导致命中率大幅降低。进攻者也许有切入篮下的机会，但是因为传球者是自远篮区传球给快速往篮柱方向跑动的进攻者，所以容易传偏或是中途被抄截。

进攻角色包含篮下者、帮助者、进攻者，防守方要观察和了解进攻方各位队员担当的角色，并安排适当的人选分别防守不同的进攻角色。

若能做好防守，可以让本队在进攻区获得更多的进攻时间，增加得分的机会。

在前防守战术的缺点表现在进攻者可轻易地占据良好的抢篮下球位置，若是外围的防守者没有做好盯人防守，则外围进攻者可以放心远投，不用担心被抢走控球权。

（二）在后防守

在后防守是一种团队防守，其意图是球柱附近的防守者阻止进攻者取得良好的卡位位置，持续将进攻者挡离球柱。外围的防守者在被对手突破防守，取得篮下卡位位置之前，可与其保持稍远的距离（约 1.5 至 2 个手臂长度）。

在后防守的主要作用有两种：其一，可以帮助防守者有效地抢到投不进的篮下球；其二，阻扰对手进攻的顺畅性，迫使对手投篮前必须花费较多的时间（例如利用挡拆）才能取得篮下卡位位置。在 25 秒进攻时限情况下，进攻者的进攻节奏容易被在后防守者干扰。

优秀的进攻者，在距离球柱 7 或 8 米之内，若有良好的自由位置（约 2 个手臂外长度），即使没有卡位者在篮下，也能有很高的命中率 (30% 以上)。所以，防守者不可掉以轻心，要做好一对一盯人防守。

在后防守的缺点主要体现在进攻者能轻易地在助攻位置接球，若是外围防守者疏忽大意，没有看住对手或没有保持适当的距离（如离得太近），就容易被进攻者切入上篮得分。

第五节　运用荷球战术时应遵循的原则

荷球战术原则是荷球比赛攻守基本规律的反映，是在长期的荷球比赛中探索出的指导荷球比赛的基本准则，因此在运用荷球战术时，必须遵循这些原则。

一、荷球战术原则

在荷球比赛中，必须遵守的基本原则有攻守平衡原则、节奏变化原则、安全与冒险原则以及计划与应变原则。

（一）攻守平衡原则

攻与守是荷球比赛矛盾的两个方面，既对立又统一。攻与守的标志是球权。控球为攻，失球为守，每支球队都要做到全攻全守，攻守平衡。每一名队员也要做到能攻善守。

（二）节奏变化原则

荷球比赛节奏快，传球快，移位也就快了。“快”意味着主动争取，“快”是制胜的法宝。

但快是相对慢而言的，一味地快，你快对方也快，“快”的效果也就消失了。所以在运用战术时，要善于驾驭、控制比赛的节奏，有慢有快，有短有长，变速变向，使对手难以适应从而战胜对手。

(三) 安全与冒险原则

安全与冒险原则是指在不同场区内进攻和防守动作的最优化。在本方防守区内，外围防守者要一对一做好防守工作，篮下防守者切记不可贸然放弃防守进攻者而去断球，一旦断球失败，对手就可以在篮下轻松投篮得分。从防守区传球到进攻区时，要尽量快传，短距离传球，以最少传球次数把球安全过渡到进攻区。

(四) 计划与应变原则

计划是指赛前根据攻防双方的情况、条件、特点及相关因素制订的战术打法。计划是必要的，而且全队要在比赛中创造条件坚决贯彻执行，能否执行既定的计划是一个球队能力和水平高低的体现。但是赛场上的情况瞬息万变，应根据场上的具体情况，迅速作出正确决策，随机应变。

二、个人战术原则

进攻是通过诱导和利用对手的错误来达到进球的目的。防守是通过控制和破坏对手的行为，以达到阻止进球的目的。运用战术是为了控制比赛，在运用个人战术时应注意以下几点：

(1) 进攻者时刻保持移动。进攻者在场上需要时刻保持移动，不管是接球前，还是传球后，而且要清楚地知道自己应向什么位置移动。

(2) 主动迎上接球。这样接球不容易被对手抄截。

(3) 合理选择传球。要对自己传出的球要负责，弧度不能太高或太低，落点要准确，能使队友轻松接到传球。

(4) 选择正确的防守位置。防守位置应始终保持在对手与本方球柱之间，在前防守等特殊情况除外。防守者要做到：

① 精力集中，随时观察球的位置。防守者在防守时要眼观六路、耳听八方，只有知道球的位置，才能准确判断对手的移位意图。

② 心理稳定，顾全大局。防守者不应出现不必要的犯规和不正当行为。

1. 简述战术能力的内容。
2. 简述主攻者与副攻者的区别。
3. 简述进攻战术原则。

第六章　青少年荷球运动

学习提要与目标

青少年时期是发现和培养荷球运动才能的关键时期，这个阶段的荷球意识培养、基本功训练及训练方法都有别于成人训练。通过对本章内容的学习，要求掌握荷球运动员选材的调查内容和青少年荷球教学训练方法及了解中学阶段荷球课程设置的相关内容。

荷球运动的发展及荷球运动员的培养是一项系统性工程。随着荷球运动在我国的不断推广和普及，我国荷球运动的竞技水平得到逐步提高，这得益于我国青少年荷球运动的推广与发展，因此荷球运动同其他运动项目一样，也需要“从娃娃抓起”。

第一节　荷球运动员选材

荷球运动员选材是采用现代科学手段和方法，通过对客观指标的测试与全面、综合的评价和预测，选拔出先天条件优越、适合从事荷球运动的人才，对其进行系统性的培养，并且不断地监测其发展趋势的一个过程。这个过程涉及多学科理论和方法的运用，本节在与荷球运动特点有关的人体各种性状的形成因素及其变化规律的基础上，探讨荷球运动员选材的基本内容、步骤及方法。

有专家认为，培养优秀运动员必须具备三个条件：高水平的科学训练、优化的训练环境和运动员个人优越的天赋条件。科学选材是当代竞技体育发展的需要，是科学训练的一个十分重要的组成部分。

科学选材是一项严肃而细致的工作，不能把它看成简单的体格检查。它是在较长时期内，分阶段、分层次，从儿童、少年到青年、成年，从初级到高级，层层优选、步步监测的一项系统人才培养工程。

选材分为基础选材、初级选材、中级选材三个层次。

(1) 基础选材：在 8 ～ 12 岁的儿童中进行，选拔健康、活泼、机灵、敏捷，尤其是身高优势明显且身体非常灵活的儿童，将他们送至小学荷球训练队或荷球俱乐部进行培养。其目的是形成一个人数众多、范围广泛的荷球启蒙教育与训练群体。

(2) 初级选材：在 13 ～ 18 岁的青少年中进行，选拔处于青春发育期，身体各种性状的遗传优势明显或具有较大发展潜力的青少年。其目的是使符合荷球运动特点的青少年接受系统、严肃的训练，为其进入高水平运动队打下基础，同时增加荷球运动后备人才的储备。这个阶段的选材要注意基因筛查，以某些带有先天的、不可控的、稳定的因素为主。初级选材一般在广大中学及具有体育特色的学校，特别是具有荷球特色的学校进行。

(3) 中级选材：在 19 ～ 21 岁的青年中进行，把中学毕业生中既表现出先天优势，又在荷球训练中提高较快的青年选拔到大学或者俱乐部中，给他们创造机会，一边学习，一边接受正规系统的荷球专业训练，使其成为进入高水平运动队甚至是国家队的备选人才。

青少年阶段是生长发育的重要时期，是人体各种性状在遗传因素和环境因素的影响下呈现明显特点的阶段。其具体表现为身体各部分、各器官、各组织的大小、长短及重量的增加和各系统功能效率都处于发育提高期。由于青少年的生长发育程度与运动能力高低密切相关，所以只有通过对他们的生长发育程度和荷球运动潜力进行科学的测试、鉴别和评价，才能挑选出适合从事荷球运动的人才，使他们进入多层次的培育之路。

一、荷球运动员选材的调查内容

荷球运动员选材关系到人才培养的质量及成才率。荷球运动员选材一般有四项调查内容，即家系调查、生长发育状况调查、荷球专项选材指标调查和综合评价与分析。

(一) 家系调查

人类遗传的基本规律表明，反映人体运动方面的各种性状的优势，在一定范围内受遗传因素的制约。在那些优秀运动员的后代中，有 50% 以上的人在运动能力方面会有突出的表现。所以，在荷球运动员选材工作中，通过家系调查，运用遗传学的观点、方法来分析、评价被选者在运动能力方面的发展潜力，是选材工作的重要环节。家系调查的内容有：

(1) 调查父系和母系上下几代成员的形态特征，如身高、臂长、体重、体型等特征。

(2) 调查亲属的身体健康水平，是否患有慢性疾病，特别是有无遗传性较强的疾病。

(3) 调查亲属的运动能力 (包括劳动能力) 与兴趣爱好，特别是与体育运动相关的能力和兴趣爱好，尤其注意被选者是否来自体育世家或是运动员的后代。

(4) 被选者在家庭中如果特别像某人，则对其相像者的情况要着重了解，他们之间可能有很多相似的遗传。

(5) 调查被选者的生育史，包括出生时是否早产、难产，出生时父母年龄及社会经济背景，母亲在孕期的健康水平，被选者是第几胎，是否是双胞胎等情况。

(二) 生长发育状况调查

生长发育状况调查包括对肌肉、骨骼、心血管、呼吸系统，肝功能，血常规和尿常规，身体发育程度及个人病史等身体各方面情况的调查，具体内容如下：

(1) 肌肉系统：测量体重是否在正常的范围之内；检查肌肉系统的发育程度与生长发育规律是否一致，身体两侧肌群发育是否对称；测定握力、背力；测定仰卧起坐情况，评定腰腹肌群的发育水平。

(2) 骨骼系统：评价骨骼的发育水平；检查身高是否符合要求；在立正站立姿势下，观察肩、髋及四肢的发育是否对称；观察胸廓是否正常，是否属于鸡胸、桶胸、漏斗胸等畸形情况；检查脊柱生理弯曲是否正常，有无前曲、后曲或左右侧弯；检查上肢外展内收、外旋内旋情况，手腕活动功能是否正常；检查下肢是否是 X 形腿、O 形腿或对线是否不正；检查是否扁平足。

(3) 心血管系统：检查心电图是否正常；测量血压是否在正常范围内。

(4) 呼吸系统：测量肺活量；检查胸透 X 片，排除肺部疾病。

(5) 肝功能检查：排除肝脏疾病。

(6) 血常规和尿常规检查：排除相关疾病。

(7) 身体发育程度的鉴定：

① 骨龄鉴定法；

② 第二性征鉴定法；

③ 身体发育程度分型。

(三) 荷球专项选材指标调查

竞技运动训练是一个长期、复杂的品格塑造和身体加工的过程。人体机能方面的各种性状直接影响运动员运动能力的发展水平，运动能力的高低直接关系到运动员运动技术的掌握程度以及能否达到的最高竞技水平。

(1) 选材指标的确定：荷球运动具有综合性、协助性、集体性和男女同场竞技的特点，因此应从身体形态、机能、素质、个人技术和心理等方面确定选材指标，并结合教练员对被选者在对荷球运动的喜爱度，以及协调与应变能力、接受与创造能力、意志品质和训练、比赛作风等方面的评定进行综合选材。

① 形态类：由于在荷球比赛中，运动员始终处于快速攻防转换的状态，只能一对一防守，不能过分身体接触，还需要 360° 围绕球篮进行投篮，此外球篮的高度也较高 (3.5 米)，这样一来，身材高大、手臂长、动作灵活自然等特征就成为荷球运动员选材的主要标准。可以采用以下三种指标评价被选者的身体形态：

A. 身高；

B. 指距—身高；

C. 体重；

D. 去脂体重。

② 机能类：荷球比赛是一项攻守兼备，运动时间较长，较为激烈且运动负荷强度很大的非周期性运动，这就要求运动员的呼吸系统和心血管系统拥有较强的工作能力，这两大系统工作水平的高低直接影响运动员的竞技水平与运动成绩，也是选材的关键因素之一。可根据以下四项指标对被选者的身体机能进行评价：

A. 最大摄氧量；

B. 心率；

C. 血乳酸；

D. 视野。

③ 素质类：身体素质是由健康素质和运动素质构成的。健康素质是防病、抗病和可长期参加系统性训练的重要保证；运动素质则是实施技术、战术的物质基础。身体素质提高的程度不仅关系着训练的效率，而且决定着荷球运动员运动水平的提高幅度及能够达到的最好成绩。荷球运动的素质类选材指标既是评价运动员的标准，其测试方法又是较好的训练方法。可以通过以下五项指标对被选者的身体素质进行评价，特别是对灵敏素质的评价，因为荷球运动是一项一对一攻防的团体项目，所以要求运动员具备较强的身体灵敏度：

A. 速度素质；

B. 耐力素质；

C. 弹跳素质；

D. 力量素质；

E. 灵敏素质 (重要的指标)。

④ 技术类：个人技术是荷球比赛的基础。个人技术分为进攻和防守两大类。可以通过以下三项指标对被选者的个人技术进行评价：

A. 传接球能力；

B. 3 ～ 5 米投篮能力；

C. 防守能力。

⑤ 心理类：运动员的心理选材就是运用现代心理学的理论、方法和手段挑选出具有优越先天心理素质的运动员。良好的心理素质是保证高水平竞技能力稳定发挥的重要条件。由于荷球比赛具有比赛时间较长、节奏较快，需要男女合作、一对一攻防，对集体配合要求较高等特点，这就要求荷球运动员必须具备坚定、沉着、勇敢、机智，善于合作，具有男女平等意识，以及能够应对复杂局面的心理素质。在一场重大的比赛中，良好的心理素质往往成为运动员及整个队伍创造优异成绩、获得胜利的关键。可以通过以下三项指标对被选对象的心理素质进行评价：

A. 手动稳定指标；

B. 综合反应能力指标；

C. 神经类型指标。

⑥ 经验评定类：教师和教练员在多年的教学和训练生涯中积累了丰富的经验，尤其是对自己运动队的人才需求十分清楚并对符合荷球运动要求的心理、智力、作风、毅力等重要因素有直接的感受和经验，如能有效地对被选者进行经验评定，将会使荷球运动员选材

更具全面性和实用性。

(2) 选材指标测量的步骤与方法：严格按照要求对选材指标进行测量，不仅能够反映出选材工作的科学性，而且也体现出选材工作的严肃性。

① 常规形态指标测量 (计算) 方法。

A. 身高。使用身高坐高计测量。使用前应先校正仪器，保证每米误差不超过 0.2 厘米。受试者赤脚以立正姿势站于底板上，足跟、骶骨部和肩胛骨要贴住立柱，身体和头颈自然挺直，测试人员站在受试者右侧，测量头顶到脚底板的垂直距离。读数时，两眼与滑动板呈水平位置 (记录以厘米为单位，精确到小数点后一位小数，误差不超过 0.5 厘米)。

B. 指距一身高。使用指距尺或带滑板且有 3 米刻度的钢尺测量，使用前要先校正，保证每米误差不超过 0.2 厘米。将测量尺固定在平台上，受试者两脚分开站立，两臂侧平举，上体伏在尺上，一手中指指尖固定在尺的零位，另一手尽量向侧伸展。测试人员面对受试者测量两手中指指尖的直线距离 (记录以厘米为单位，精确到小数点后一位小数，误差不超过 0.5 厘米)，最后用指距数减去身高数。

C. 体重。使用生产合格的体重秤测量。使用前要进行校正，仪器误差不得超过 0.1 千克。男受试者只穿短裤，女受试者穿短裤与短袖衫，赤脚轻轻踏上秤台，两眼平视，自然站立在秤台中央。测试人员面向受试者，移动游码和刻度尺呈水平状态后读数并记录下来 (以千克为单位，精确到小数点后一位小数)。

D. 去脂体重。使用皮下脂肪测量计测量。受试者自然站立，被测部位裸露。测试者用左手拇指和食、中两指将被测部位皮肤和皮下组织夹提起来 (与地面呈垂直方向)，用测量计在提点的上方测量其厚度。测量部位若为背部，则测量部位应在肩胛骨下角下方 1 厘米处，皮褶走向与脊柱呈 45°；若为上臂部，则测量部位应在肩峰与臂后部鹰嘴连线的中点。去脂体重、脂肪重量和脂肪的计算公式分别为

$$\text{去脂体重(净体重)} = \text{体重} - \text{脂肪重}$$

$$\text{脂肪重} = \text{体重} \times \text{脂肪}$$

$$\text{脂肪} = \left(\frac{4.07}{\text{身体密度}} - 4.142\right) \times 100\%$$

15 ～ 18 岁男性的身体密度 = 1.0977−0.00146 × (上臂皮褶厚度 + 背部皮褶厚度)

15 ～ 18 岁女性的身体密度 = 1.0913−0.0016 × (上臂皮褶厚度 + 背部皮褶厚度)

式中，皮褶厚度以毫米为单位。

② 机能指标测量 (计算) 方法。

A. 最大摄氧量。一般情况下，一个人的 12 分钟跑距离能较好地反映出他的最大摄氧量。此项指标测试在田径场进行，测试器材为秒表和标杆。受试者起点处听计时员信号开始跑，当到 12 分钟时，计时员喊“停”，助理计时员观察受试者所跑距离，并进行记录，再根据 12 分钟跑距离推算其最大摄氧量，得出数据。12 分钟跑距离与最大摄氧量对照表如表 6-1-1 所示。

表 6-1-1　12 分钟跑距离与最大摄氧量对照表

12分钟跑距离/米	最大摄氧量/(毫升/千克/分钟)	12分钟跑距离/米	最大摄氧量/(毫升/千克/分钟)
1000	14.0	2500	45.9
1100	16.1	2600	48.0
1200	18.3	2700	50.1
1300	20.4	2800	52.3
1400	22.5	2900	54.4
1500	24.6	3000	56.5
1600	26.8	3100	58.5
1700	28.9	3200	60.8
1800	31.0	3300	62.9
1900	33.1	3400	65.0
2000	35.3	3500	67.1
2100	37.4	3600	69.3
2200	39.5	3700	71.4
2300	41.6	3800	73.5
2400	42.8	3900	75.6

B. 心率(台阶实验)。台阶负荷实验法的使用器材有秒表、两个台阶(高度分别为 0.15 米、0.30 米、0.40 米，可根据不同对象选择其中两种高度)。测试应先在矮台阶，后在高台阶进行，依次练习 5 分钟，中间休息 3 分钟。第一次台阶练习 10 秒钟后立即测量心率，并计算出 1 分钟心率次数 f_1，再计算出第一次功率，公式为

$$w_1 = \frac{4p \cdot h_2 \cdot n}{3t}$$

式中，p 为体重，h_1 为矮台阶高度，n 为上下台阶次数，t 为上下台阶时间，w_1 为功率(单位千克・米/分)。

第二次台阶练习 5 分钟后立即测量并计算出 1 分钟心率次数 f_2，然后计算出第二次功率，公式为

$$w_2 = \frac{4p \cdot h_2 \cdot n}{3t}$$

式中，h_2 为高台阶高度。最后将两次功率 w_1、w_2 的值代入卡尔普曼公式

$$\mathrm{PWC}_{170} = \frac{170 - f_1}{f_2 - f_1} \times (w_2 - w_1) + w_1$$

根据 PWC_{170} 值的大小能够判断运动员身体机能和工作能力的好坏，作为评价运动员选材和训练的参考依据。PWC_{170} 值越大，代表运动员的身体工作能力越好。

C. 血乳酸。研究表明，血乳酸的浓度随运动负荷强度的加大而增加。在轻负荷下，血乳酸增加不明显，呈平缓上升状态。但当负荷强度超过一定水平时，血乳酸呈直线急剧上升状态。乳酸阈 (LT) 是其平缓上升和急剧上升之间的转折点。确定受试者的乳酸阈，并确定全队乳酸阈的范围，对科学控制训练强度、选择合理的训练方法和提高训练质量有重要意义。随着体育科技的快速发展，各种乳酸分析仪不断问世，使血乳酸的测量更加科学化、快速化，对运动训练和科学选材也起到十分重要的促进作用。但由于乳酸分析仪及相关用品的价格较贵，故目前多数仍采用化学分析法和酶学法，例如国内常采用的是经改良的超微量血乳酸测定法。

检测血乳酸的血样常取自指尖或耳垂，对同一名受试者的检测应取同部位的血样。采血时间的确定应以乳酸的高峰期为准。一般来说，运动负荷强度越大，血乳酸的生成量越多，乳酸阈出现得越早，但血乳酸峰值出现得越迟。受试者的运动时间应控制在 40 秒至两分钟为好。运动中前程负荷大，血乳酸峰值出现得较早；相反，运动后程负荷大，则血乳酸峰值出现得较迟。血乳酸峰值持续时间长达数分钟，并与产生的乳酸量成正比。因此，血乳酸峰值持续时间可作为采血时间的依据。

D. 视野。测量需要使用的器材有视野计与不同颜色的视标。受试者下颌靠在视野计的托架上，用遮眼板遮住左眼，右眼固定并注意前方的小镜或某一点。测试人员先把视标插入视野计弧形架上的色纸小框内，选择弧形架上的某一位置，再将视标沿弧形从外向内移动，直到受试者看见并准确说出视标颜色时，记录下视野计的度数。为避免猜测，可采用不同颜色的视标。

③ 素质指标的测量 (计算) 方法。

A. 30 米、60 米、800 米、1500 米跑。测量需要使用的工具有口哨一个、发令旗一面、秒表若干块 (误差不超过 0.2 秒 / 分)。受试者至少 2 人一组，穿球鞋，站立式起跑。发令员在发出“跑”的口令的同时从上往下挥动发令旗。计时员视旗动开表计时，受试者胸部到达终点线的垂直面停表，计 30 米、60 米、800 米、1500 米跑完的时长，以秒为单位，精确到小数点后一位。

B. 收腹举腿。测量需要使用的器材有秒表、垫子各一块。受试者仰卧垫上，两腿伸直，肩胛骨贴垫，两臂伸向头两侧并贴垫。发令开始，受试者两臂、上体和两腿同时向上折叠，膝关节不得弯曲。双手碰到脚面为完成一次，连续计 30 秒完成的次数。

C.十字跳。测量需要使用秒表一块，还要在平坦的地面上画两条垂直的交叉线，标明1、2、3、4四个区(见图6-1-1)。受试者听到口令后，双脚由起点跳入1区，并连续依次跳至2、3、4区，计10秒钟内跳的次数及跳错的次数(包括跳错格、踩线、双脚未同时落地等)，每跳对一次计1分，跳错一次扣0.5分，以得分多少记录成绩。

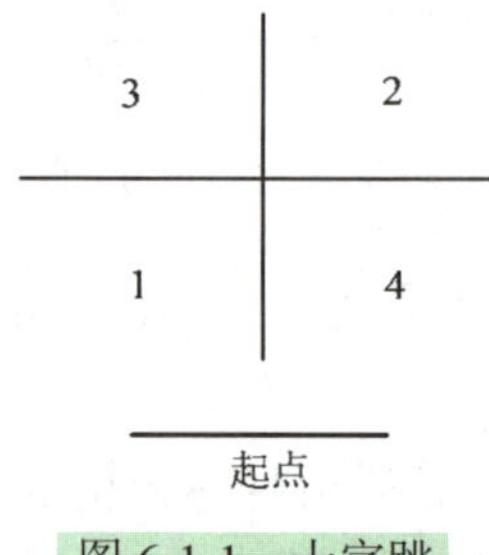

图 6-1-1　十字跳

④ 技术类指标测量 (计算) 方法。

A. 2 分钟，3 米、5 米移动投篮测试。测试需要使用半块标准球场及秒表一块。以球柱为圆点分别以 3 米、5 米为半径画圆。帮助者在篮下帮助传球，受试者在两条限制线外交替接球后做后退投篮、V 形移动投篮等动作。计时员发令并开始计时，直至两分钟时间到为止，记录投篮次数、命中次数，并计算命中率。

B. 综合传接球测试。测试需要使用半块标准球场、传球训练器 (高 1.5 米、直径 60 厘米)。受试者持球站在标准球场端线处，听到开始的信号 (开始计时) 后，原地双手胸前传球，将球传向距离球柱 5 米处的传球训练器中，传球后向前移动接帮助者传球，接传球后通过击地反弹传球将球传入距离球柱 2 米处的传球训练器内，传球后向一侧移动接帮助者传球，接到球后向对侧进行单手长传传球，直到球被帮助者接到或者球落地时计时停止。

⑤ 心理指标测量 (计算) 方法。

A. 手动稳定性。测试需要使用的器材有九孔仪和桌子一张。测试时，先打开电源，受试者用优势手握住探针胶棒，悬肘将探针插入洞中，指示灯亮时立即抽出，如果探针碰到洞壁就会发出声音，则代表失败，每洞可测试 3 次。从大洞到小洞按顺序进行，记录探针通过洞的数量。

B. 综合反应。测试需要使用的器材有心理测试专用计算机或选材多用微机。受试者双手握住按键，双脚轻踩脚踏键，注视屏幕上的图形，共有六个图形，每个图形的四个角上各有一个小方块，表示受试者应完成的按 (踩) 键：左上角的小方块对应左手，右上角的小方块对应右手，左下角的小方块对应左脚，右下角的小方块对应右脚。若每一次按 (踩) 键做对了，对应的小方块即消失；若做错了，仪器则会发出响声，提示改正，只有做对了才能继续往下做。受试者从每个图形上显示红色“*”的方块做起，顺着线条的转折方向顺序操作。每一屏幕上六个图形的操作顺序如图 6-1-2 所示。

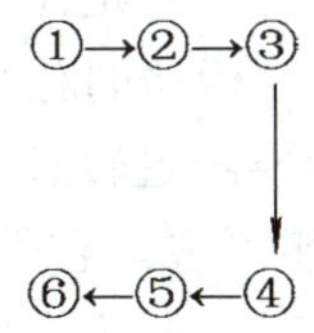

图 6-1-2　操作顺序

当第①和第②图之间出现一个小方块时，即为开始信号，受试者应立即开始从第①图做到第⑥图，争取做得又对又快。

测试时，先试做一组，然后正式测试七组，记录最快的一组为最优组成绩，完成七组测试的平均时间为平均成绩。以秒为单位，取小数点后两位。七组中出现错误的总次数为综合反应总错次。测试时，要求保持测试场所的安静。

(3) 教练员经验评定指标记分方法：教练员根据对运动员的观察与了解，一般按五级 (优、良、中、及格、差) 评分方法评定。协调和应变能力、接受能力和创造能力的满分为 6 分，意志品质和训练、比赛作风满分为 8 分，但可根据实际需要作调整。

二、荷球运动员选材应注意的问题

荷球运动员选材应注意以下问题：

(1) 注意选择“遗传度大”“可塑性小”的指标。

(2) 选材指标要能反映出荷球运动项目特点。

(3) 正确处理选材工作中的几个关系，具体有：

① 正确处理选材过程与选材点的关系。

② 正确处理客观测试与教练员评定的关系。

③ 正确处理心理测试与平时观察的关系。

④ 正确处理简单测试与复杂测试的关系。

第二节　青少年荷球意识及其培养

辩证唯物主义认为，一切符合事物发展的正确意识的形成都来源于实践。荷球意识是人脑对荷球运动客观事实的主观能动反映，是人脑的一种特殊机能。实践证明，意识有有意识与无意识和正确意识与不正确意识的区别。

一、荷球意识的概念及作用

（一）荷球意识的概念

所谓荷球意识，是指荷球运动员在荷球实战活动中经过大脑积极思考而产生的一种正确反映荷球运动规律性的特殊机能和能力。它是荷球运动员在长期荷球训练过程中提炼与积累的一种正确心理和生理机能的反射性行动的总称。

荷球意识的形成有一定的规律，需要经过较长时间科学的、系统的练习，并在激烈比赛的磨炼下，不断积累知识和经验而逐步形成。它随着运动员荷球技能的形成过程而产生，也随着荷球技术、战术的发展过程而提高，并形成自己的特点、规律和架构。可见，实践是形成“正确荷球意识”的源泉，“正确荷球意识”的形成是从感觉阶段的概念、判断到推理阶段的决断过程。从心理学角度来看，“正确荷球意识”的形成是从感觉到自觉的过程。

（二）荷球意识的作用

在赛场上，运动员一切正确的行动都是自身在正确荷球意识指导下的客观反映。荷球意识的作用主要体现在以下几个方面：

(1) 支配性作用。具有正确荷球意识的运动员，通常在训练和比赛中，能以正确的潜在意识支配自己的合理行动，决断应变时机，自觉主动并创造性地根据已经变化或预测可能变化的情况，及时调整自己的思路与决策行动，从而能够更有针对性、有效地发挥与发展自己和全队的特长。

(2) 行动选择作用。运动员在比赛过程中，一般情况下，首先要观察当时赛场上的攻守对抗态势，在复杂的情况中了解与自身行动意向最为密切的信息，进而作出准确的判断和选择。

二、荷球意识的形成过程

荷球意识的形成来自以下过程：

(1) 在训练比赛中对现实情况的观察与感知。

(2) 激烈对抗条件下作出瞬时的思维判断与决策。

(3) 积极、配合、准确的行动应答。

(4) 意识行动效果的评价与反馈。

三、荷球意识的构成要素

荷球意识的构成要素主要如下：

(1) 知识体系。

(2) 实践经验。

(3) 心智活动能力。

① 观察力；

② 分析判断能力；

③ 反应应变能力；

④ 战术思维能力。

四、荷球意识培养的途径

荷球意识的形成具有规律性，即实践—认知—再实践—再认知。

(1) 在技术练习中培养运动员的荷球意识。

① 培养观察能力。在技术练习初期就必须重视对运动员观察习惯和观察能力的培养，加强视野训练，并在练习一般观察能力的基础上，进一步培养运动员的视觉选择能力。

A. 加强视野训练，提高眼睛余光的观察能力。

B. 培养视觉选择能力，视觉选择能力是在指全面观察的基础上，把视线集中在特别重要的位置、区域和队员身上的能力。

② 培养分析判断能力。通过技术动作的实战运用练习，培养运动员的分析判断与技术运用的能力。

(2) 在战术练习中培养运动员的荷球意识。

在单个战术配合练习时，运动员要了解战术的结构及配合的规律、方法、特点，以及每个战术位置上的职责、作用，这样才能提高战术变化的灵活性。

(3) 提高文化理论素质，改善知识结构，丰富运动员的荷球意识。

(4) 通过心理练习培养运动员的荷球意识。

(5) 重视意识培养与作风训练相结合。

第三节　青少年荷球训练特点与教学方法

青少年的身心发育是不平衡的，神经系统的发育是最早的，内脏的发育明显落后于运动器官的发育，肌肉的发育又落后于骨骼的发育。在肌肉发育的过程中，大肌肉群的发育优先于小肌肉群。根据这些特点，针对青少年的荷球专项训练要特别谨慎，应使用与专业运动员不同的训练方式。

一、青少年荷球训练的特点

(1) 自然增长。处于身体生长发育时期的青少年参加荷球运动练习，不但能促进其身体健康发育，全面提高身体素质和运动技能，还能提高他们的团队意识和平等意识，特别是男女平等意识。

(2) 基础性。针对青少年的专项训练要扎扎实实地打好基础，练好基本功，要求掌握技术动作，形成正确的技术定型，使动作符合解剖学和生物力学的要求，达到规范化的标准。

(3) 敏感性。青少年时期是身体素质全面发展的良好时期，一般男孩在 17 岁、女孩在 13 岁以前，各项身体素质 (除柔韧素质外) 均随着年龄的增加而增长，而且还会出现一个突破期，这个突破期被称为某项素质的发展敏感期。每项身体素质都有其发展敏感期，而且出现与持续的时间也不尽相同。青少年运动员的可塑性强，接受训练的能力强，如果注重和遵守训练的科学性原则，其身体素质会得到全面、快速的提高，能够为以后荷球运动水平的提高打下良好的基础。

(4) 适应性。荷球的大小、重量，球筐的高度，场地的面积，比赛的时间等均要适应青少年生长发育的特点和身心发育的规律。若使用成人比赛的器材标准及 3.5 米的球筐高度，会使青少年产生恐惧心理，在技术上容易形成偏差和错误，这些错误动作一旦形成动作定型以后不易纠正。青少年荷球训练和比赛一般使用 4 号荷球、高度为 3 米的框柱，或是使用更矮的球框、按比例缩小的比赛场地和较短的比赛时间，这样不仅可以促进青少年身体良好发育，而且还有利于形成正确的技术动作定型。

(5) 兴趣性。荷球运动追其根源是一项趣味性游戏，因此要对青少年进行兴趣引导，使他们喜欢上荷球运动，所以注意力素质在教学训练中有重要意义。只要教师或教练员的引导性讲解有吸引力，就能使他们注意听讲，加之结合游戏化的练习方法多次进行练习，能加快他们对动作概念和动作要领的理解，有助于学习和掌握技术动作。

二、青少年荷球训练内容的比重

青少年荷球选手进行练习的时间、次数、内容比例以及比赛场次和比赛形式安排如表 6-3-1 所示，各地中小学可根据具体情况进行适当调整。

表 6-3-1　青少年荷球训练比重表

年龄/岁		6～8	9～10	11～12	13～15	16～17
训练内容比例/%	理论	5%	5%	5%	5%	5%
	身体	50%	45%	40%	40%	35%
	技术	45%	45%	40%	40%	40%
	战术	0%	5%	15%	15%	20%
每周训练	次数	3	4	5	7～9	8～10
	时间/小时	4.5～5	6～6.5	8～8.5	16～20	18～22
每学期比赛场次		15～20	16～26	20～30	25～35	30～40
比赛形式		单项比赛	单项比赛	单项比赛	一对一单打	一对一单打
		游戏性比赛	游戏性比赛	游戏性比赛	二对二（一男一女）	二对二（一男一女）
		三对三（两男一女）	三对三（两男一女）	半区四对四（两男两女）	半区四对四（两男两女）	半区四对四（两男两女）
		半区四对四（两男两女）	半区四对四（两男两女）	全场八对八（四男四女）	全场八对八（四男四女）	全场八对八（四男四女）

三、青少年荷球教学训练方法

青少年荷球教学训练方法具体包括：

(1) 上课时间不宜过长，每次训练时间：小学 40 ～ 50 分钟为宜，每周 2 ～ 3 次；中学 60 ～ 90 分钟为宜，每周 3 ～ 4 次；高中 90 ～ 120 分钟为宜，每周 5 ～ 7 次。

(2) 教法要灵活，同一项练习内容，特别是基本功教学，应不断变换练习的手段和形式，但要扎实规范，严格要求，既要注重提高青少年的练习兴趣和注意力，又要注重效果。

(3) 教师或教练员在教学训练中应多示范，以提高青少年的观察力和注意力。示范形式要多样化，除教师或教练员示范外还可以借鉴视频资料，特别是一些优秀运动员的技术动作慢放示范，还可以让技术完成较好的学生进行示范，也可以选择有代表性错误的学生进行错误动作示范以方便教师或教练员纠正动作。对于 16 ～ 17 岁以上的青少年，多以讲解为主，目的是启发青少年的思维能力，使其深入理解和认识技术动作与战术方法的本质，提高运用技、战术的能力。

(4) 讲解内容应少而精，突出重点和关键，可多采用分段式讲解的方法，语言表述应生动、精练、有吸引力。

(5) 力量训练负重应轻，以克服自身重量练习手段为主，要注意全身力量的发展，特别是小肌肉群的力量。

(6) 练习多采用竞赛和游戏的形式，把技术训练融合到竞赛和游戏之中，但要有严格的规则，以避免破坏正确动作定型。

(7) 多采用集体练习形式，以流水作业的方式尽量使每个人的活动时间均等，不仅能够培养青少年的团队意识，调动他们的积极性，还可以培养他们协作配合的精神。随着青少年年龄的增长，可以对其增加个别练习，个别练习主要针对球员的特长进行技术动作的纠正以及场上位置的练习。

(8) 重视技、战术的应用和对抗练习，使练习与实战相结合。

(9) 上课形式应以综合练习为主，包括身体，技术、战术和荷球理念等多项内容，这样既有利于青少年的综合发展，又不会使教学过于枯燥而影响其学习的积极性。

四、青少年荷球训练常用的方法

青少年荷球训练常用的方法如下：

(1) 模仿练习法：运动员徒手或有球情况下随教师或者影像资料进行练习的方法。

(2) 纯化练习法：在学习过程中，注意力集中在身体各环节的用力顺序、大小和姿势上，而不过多考虑准确性和动作完成质量的练习方法。

(3) 诱导练习法：以某种条件作为诱因对运动员的动作进行限制，以帮助运动员形成正确的动作定型的练习方法。

(4) 重复训练法：在不改变动作结构和运动负荷的情况下，按照既定的要求，反复练习，每次练习之间的间歇能使机体得以恢复的一种练习方法。

(5) 交换练习法：在练习过程中，有目的地变换练习的内容、运动负荷、动作的组合以及练习的环境、条件等而进行练习的方法。

(6) 持续练习法：在相对较长时间内，没有明显中断的连续练习的方法。

(7) 循环练习法：根据训练的具体任务，建立若干个练习节点，运动员按照预定顺序、路线依次完成每个节点的任务，重复地进行练习的方法。

(8) 游戏和比赛练习法：以游戏和比赛的方式进行训练的方法。

第四节　青少年荷球训练与教学方法

青少年荷球训练除了要依据青少年身体发育的规律以外，还应遵循其心智的成熟过程，进行因时而异的理论知识、规则、技术、战术及专项身体素质等训练，并采用合理适当的教学方法。

一、青少年荷球训练的目标、任务和内容

1. 训练目标

青少年经过 4 ～ 6 年的系统性训练，有利于促进其身体正常发育，使身体素质逐步增强 (无特弱项)，为从事荷球运动奠定良好的基础。此外，还能使其掌握并合理运用基本技术，能够完成整体的基础战术配合并参加同年龄段赛事。

2. 训练任务

(1) 学习理论知识。明确荷球运动的理念和价值，养成尊重教师、尊重同学 (队友)、尊重裁判员和服从命令、遵守纪律的习惯。重点培养团队意识、男女平等意识等，在学习主要基础技术的同时了解荷球运动规则，形成初步的荷球意识。

(2) 身体训练。全面提高身体素质，重点提高柔韧性、灵活性、反应能力、速度以及跑、跳的衔接能力，发展小肌肉群力量，提高身体协调能力，采用合理的无氧和有氧训练负荷，提高心肺功能。

(3) 技术训练。学习并初步掌握各种荷球基本功和主要攻守基本技术动作，形成规范、正确的动作定型。掌握左、右手长距离传球，后退投篮技术并能使用左、右跳起投篮，各种移位投篮以及正确防守脚步动作，培养和提高视觉观察能力，初步掌握一人做球、一人进攻的简单配合。

(4) 战术训练。初步形成个人战术意识，学习荷球的四个基本阵型 (4-0-0 阵型、3-0-1 阵型、2-1-1 阵型、2-0-2 阵型)。

3. 训练内容

(1) 理论知识。讲解荷球运动的演进、特点、理念和我国荷球运动发展的状况，介绍如何能够成为一名优秀的荷球运动员，介绍国内外著名的荷球运动员，讲解基本技术动作方法和基本阵型的跑位方法，介绍荷球运动的规则等内容。

(2) 身体训练。进行一般和专项身体素质训练，重点加强柔韧性、协调性、灵活性和速度训练。进行全身各部位小力量练习，特别是速度力量和小肌肉群力量训练。加大有氧练习训练量，以提高身体耐力及心血管功能。进行弹跳训练，提高跳跃的协调性和平衡能力。

(3) 技术训练。进行各类技术动作的基本功训练，以及移动、传球、接球、投篮、抢篮下球等基本技术动作及组合技术动作训练。学习个人摆脱后切入上篮技术，进行一对一攻防训练。在技术训练中应重视技术运用的意识培养。

(4) 战术训练。加强战术意识的培养，并渗透到各类战术训练之中，抓好攻、守个人战术意识和基本阵型变化配合的训练，加强对一对一、二对二、三对三、四对四及一男一女、二男一女、一男两女、两女一男等战术方法的训练。

第五节　青少年荷球运动员基本功训练

青少年荷球运动员基本功的好与坏决定着其技术形成的速度与高度，更决定其成年后的荷球技能水平。

一、荷球基本功的概念

荷球基本功是指各类荷球技术动作中有共性的、基础性的、关键性的技能。它存在于各项基本技术之中，在比赛中通过运动员运用技术、战术的实战过程表现出来，所以它是荷球运动员必须掌握的基本技能。

荷球基本功可分为手功、脚功、腿功、腰功、眼功，它们之间既是相辅相成、互相关联的，同时各自又相对独立。

二、荷球基本功的作用

(1) 有利于全面掌握荷球运动技术。

由于荷球基本功是荷球技术中带有共性的技能，与各类复杂的荷球技术有着直接关系，所以运动员若具有较好的基本功，就会为掌握各类荷球技术起到积极的促进作用。

(2) 有利于形成特长技术。

荷球基本功是掌握全面技术的基础，而特长技术是在掌握全面技术的过程中逐渐形成的。只有在具备全面技术的基础上形成的特长技术，才能在实战中根据运动员自身的特点和场上的变化创造性地应用，才能显出不同寻常的能力。

(3) 避免专项运动损伤的发生。

荷球是一项运动强度较大、速度较快、比赛时间较长的运动项目，运动员在比赛中出现一些损伤是在所难免的。但从实践中可以发现，有着扎实基本功功底的运动员，由于他们在基本训练中掌握了运动技术，身体的灵活性和协调性也都得到了很好的发展，良好的身体柔韧性可以防止他们在比赛中发生拉伤，良好的脚步动作可以让他们避开突然的冲撞，在倒地瞬间也可以运用身体强大的协调性、灵活性进行自我保护。

三、荷球基本功练习的内容

（一）手功练习

1. 双手、单手持球翻转练习

(1) 双手胸前持球：肘自然下垂，上臂靠近胸两侧，以肘关节为轴，前臂轻微向前推动，双手手腕翻起；当前臂向后收回时，双手手腕复原。运用前臂的反复前后推拉，练习手腕关节翻动的灵活性。

(2) 双手头上持球：手腕翻起，运用上臂向上伸展推动前臂，同时手腕借用手臂力量翻起，轻轻地将球向上推出，离手 10 ～ 20 厘米，然后双手仍在头上接落球，继续反复练习前面的动作。

(3) 两臂侧平举传球：手心向上，右手持球，主要运用手指、手腕力量将球从头上轻轻传到左手，在传球用力时，肘关节一定要伸直，强制运用手腕、手指的力量将球传出。

(4) 单双手对墙传球：面对墙 50 厘米站立，运用单手或双手持球，举球高过头部，迫使手腕翻起，主要运用手指、手腕力量轻巧地向墙上连续传球。

(5) 单手持球滚转：将球托起过头，运用手指、手腕左右转动力量，使球在手掌上左右滚转 (左右手交替练习)。

2. 传球练习

(1) 背后传球：两脚平行站立，右手持球，右手臂向体后摆动，运用手指、手腕快速转动的力量，将球从背后经过头上方传至体前左手的位置 (左右手反复连续练习)。在将球引向背后传球过程中，不能有弯腰的动作；在球出手的刹那，要运用手腕的转动和手指力量，将球由背后传向体前。

(2) 头上双手传球：双手持球，臂伸直高举过头，传球时两臂不能弯曲，更不能向后摆动，将全身力量集中于手指和手腕，运用手指和手腕的快速抖动将球传出。

(3) 单手大臂传球：右手持球，直臂侧上举过头，肘关节微屈，不能过度后摆，运用大臂快速前挥 (鞭打动作) 手腕和手指快速前屈将球传出。

(4) 五个人一组，每人持握一个球，其中四人各相隔 50 厘米成扇形站立，另一人面对扇形队相距 5 米居中站立。练习时，居中者快速交替轮转向前面的四人做双手胸前或单手胸前小臂传接球。传球时要夹紧手臂，用手腕抖动和手指弹拨的力量将球传出。

(二) 脚功训练

1. 转移重心练习

身体重心的转移在荷球比赛中无处不在，它与比赛中的任何一个行动都有着非常密切的直接联系，是影响起动速度最关键的因素。

(1) 左右转移重心：两脚原地平行站立，距离比肩宽 20 ～ 30 厘米，重心下降，上体前倾，腰部放松，头抬起，两臂自然张开，肘微屈，利用两脚掌的蹬踏做重心的左右移动，同时应特别注意要用腰髋带动身体转移重心，重点体会腰髋带动和两脚蹬踏的协调用力的感觉。在左右蹬踏的重心移动中，身体重心要保持在一个水平线上，决不能上下波动。左右转移重心的速度不要过快，要掌握节奏的快慢变化。

(2) 前后转移重心：身体呈原地两脚前后站立姿势，身体重心下降，上体微前倾，两臂自然张开，可依据教练员不同的快慢节奏，运用脚掌蹬踏和腰髋带动的力量向前、后转移身体重心，重点体会快速起动时重心由后脚掌移向前脚掌协调用力的感觉。

(3) 上下移动重心：身体呈两脚平行站立和前后站立姿势交替进行，身体重心下降到大小腿间 (膝部)，膝关节弯曲到接近 90°。遵照教练员的信号节奏，利用蹬踏脚掌、提腰、收腹上下移动重心。腰腹的快速屈伸是训练的重点，同时身体重心的下降要达到最高要求。

以上这三项练习是基本功中的基本功，基础中的基础。从练习的形式上看都极为简单，但要在"简练之中见真功"。能否在不同的节奏变化中将蹬踏和腰、腹、髋的力量非常协调地运用到突然的起动动作中，是判断脚功深浅的一个重要标志。

(4) 双脚跳停结合左右转移重心：在慢速地向前跑动中做双脚跳停动作，跳起高度离地面 10 ～ 20 厘米，在跳起后短暂的腾空时间内，要特别注意提腰动作，落地要像一个弹簧，两脚掌着地时，要利用踝关节、膝关节和腰腹的力量减缓落地时的冲击力量，两臂自然张开保持身体平衡。落地后重心应保持在两脚中间，然后结合突然的起动动作做重心的左右移动。

2. 降低重心练习

(1) 横跨步单脚急停降重心：两脚原地分开平行站立，左脚用力蹬踏，右脚向右跨出一步急停，由于单脚急停的难度较大，因此，在练习中必须重视急停动作规范的要求：①左脚发力蹬踏，右脚向右跨出，腾空时要提腰展臂，为平衡落地创造条件；② 单脚落地时，提腰和收腹动作的协调，以及脚掌、踝关节、膝关节力量的运用，是一个完整的系列的组合技巧，目的是把单脚落地时的冲击力量减缓到最低程度；③ 为使落地后重心稳定，便于衔接下一个技术动作，身体重心要下降，重心的最佳高度应是膝关节弯曲到接近 90°；④ 在右脚落地的同时左脚要跟上，以便保持身体平衡，然后右脚用力蹬踏，左脚向左跨出一步。

(2) 跑动中捡地面球：在一个直径 6 ～ 8 米的圆周上，等距离地放置 3 ～ 4 个球。慢速跑动，屈膝降低重心，捡起地面上的球，然后再将球放回原位，继续向前跑动捡、放其余的地面球。在逆时针跑动中，捡球时左脚在前、后脚在后，右膝距地面 20 ～ 30 厘米，以降低身体重心。

(3) 跑动中接地滚球：教练员站在一个直径 6 ～ 8 米的圆周中心手持球，运动员在圆周上按照规定的速度跑动，教练员传出在地面上滚动的球，运动员接球的技术动作规范与跑动中捡地面球的要求相同，接到球后用单手或双手把球传给教练员。接传球动作均在跑动中进行。

3. 蹬转练习

(1) 踝关节蹬转训练：双手叉腰，两脚分开站立，宽度与肩相同。开始做提踵动作，要求后脚跟尽力向上提起，身体重心置于前脚掌上。在提踵动作做到一定数量后，转变为后脚跟向外转动张开，然后再向内收回。此动作主要是训练踝关节的灵活性与力量，是各种变向动作中最基本的蹬转动作。

(2) 转体：两脚分开站立，比肩约宽 20 ～ 30 厘米，重心下降，上体稍前倾，两臂微抬起，利用蹬踏和腰髋的力量，带动身体在原地以前脚掌为轴左右转动。在向左转动后，左右脚尖同时指向左前方，身体重心要求达到最低限度。

(3) 后撤步：两脚平行站立，重心下降，两臂抬起，重心移到左脚，左脚蹬踏，利用腰腹的带动力量，右脚向后撤步，然后右脚蹬踏，利用腰腹的带动力量，左脚向后撤步。左右脚连续交替进行，重点要做好左右脚在蹬踏时与腰腹力量运用中的协调配合动作。

4. 跑的练习

(1) 折线跑：折线跑是荷球实战中最主要的一种跑动形式，其主要目的是利用突然的左右变向来摆脱防守者和跟随被防守者进行防守。它的技术结构特点是在直线跑动中，变向同侧脚 (前脚) 用脚掌外侧蹬地，而后脚是用前脚掌内侧蹬地，身体向变向方向倾出，结合快速摆臂与小步幅迅速加速变向。练习时可在场地内设置一定数量的障碍物，障碍物之间的距离可以根据运动员的训练水平而定，可以选择等距离或不规则距离以增加训练难度。

(2) 小∞字跑：在地面设间距为两米的两个点，要求每人在两点之间做∞字形式的跑动，主要目的是训练运动员在短而快的频率中变向跑动的技能。

(3) 变身加速跑：主要分为两种情况。

① 由后退跑变向前加速跑。

② 由向前跑变向后撤步跑。

(4) 多种变向跑 (见图 6-5-1)：转身变向时，运用侧蹬、后蹬的同时与腰、髋、腹协调用力，脚尖和膝关节必须指向跑动的目标，否则容易拉伤、扭伤腿部肌肉。多种变向跑的具体操作如下：

① 由 A 点起跑至 B 点做放松慢跑，在 B 点做侧蹬变向加速；

② 由 B 点至 C 点做加速跑，在 C 点做后转身变向；

③ 由 C 点至 D 点做加速跑，在 D 点做后转身变向；

④ 由 D 点至 E 点做后退跑，再由 E 点至 F 点做弧形侧身加速跑；

⑤ 由 F 点至 G 点做左右变向加速跑。

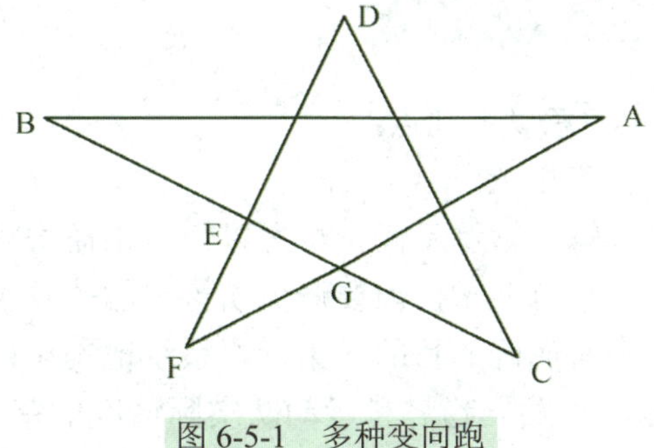

图 6-5-1　多种变向跑

5. 跳的练习

(1) 原地双脚或单脚连续起跳摸高。

(2) 教练员与运动员面对面站立，距离 3 ～ 5 米，教练员向运动员前、后、左、右传高吊球，运动员借助滑步向不同方向起跳，用单手或双手接球或击球。教练员传球可通过采取从定向到不定向、从不连续到连续的方法来加大难度。

(3) 两人跳起空中接传球，传球距离可逐渐增加。

(4) 运动员排成一路纵队，单脚或双脚助跑起步，借助篮板进行跳起空中篮板传接球练习，前一人跳起在空中把球传向篮板，后一人空中接球传向篮板，以此类推，重复以上动作进行练习。

6. 伸展练习

(1) 左右伸展：两脚分开比肩略宽站立，下蹲时膝部成 90°，向右侧伸展时，左腿蹬直，左脚掌紧贴地面，同时胸部要能接触到膝关节，达到最大限度的伸展程度。左右腿交换练习。

(2) 上展下屈：两脚分开与肩同宽站立，下蹬后双臂抱膝，快速站起，两臂高举，腰腹做到最大限度地伸展，同时提起脚跟。下蹲与站起的节奏要适当，重点是伸展的幅度要大。

(3) 持球伸展：两脚分开站立，手中持球，再向右跨出一大步，右手持球向右前方做伸展动作，此时左腿伸直，脚掌紧贴地面，右膝成 90°。右腿收回原位，左腿再向左侧跨出一大步，右腿蹬直，脚掌紧贴地面，左手持球向左前做伸展动作。在向左右做伸展动作时，要求做到最大限度地伸展，要把腰、腹、臂部尽力伸展开，左右变换动作，不要求速度，最主要的是保证伸展动作的质量。

7. 转动练习

(1) 左脚掌为轴，右脚向前迈出一步，在右脚掌落地时，利用右脚掌的蹬踏和腰腹带动的协调力量，向后撤回右脚，重点体会脚的蹬踏和腰腹协调用力的感受。在反复做一定数量的练习后，以右脚掌为轴，左脚向前迈出一步，利用左脚掌的蹬踏和腰腹带动的协调力量，向右撤回左脚，左右脚交换练习。

(2) 空中转体：两脚原地站立，两臂抬起，肘微屈，下蹲做起跳准备。起跳时，左脚跨向右前方，利用腰腹力量带动身体，在空中向右前方转体 180°，落地后再次起跳时，利用腰腹力量带动身体，右脚跨向左后方在空中转体 180°。

四、荷球基本功训练中应注意的事项

在荷球基本功训练中应注意以下几点：

(1) 要严格要求，动作正确规范。

(2) 要突出重点，反复磨炼，常练不懈，持之以恒，精益求精。

(3) 要对训练的强度、数量有要求，但要避免伤害事故的发生。

(4) 要在年度训练计划中有明确的目的、指标，系统地安排训练。

(5) 要在把握世界荷球运动发展趋势和运动队实际情况的基础上，与基本技术紧密结合进行训练。

(6) 与身体训练相结合。

(7) 要与作风培养相结合。

(8) 要重视在启蒙教学初期对基本功的练习，练习中，既要注意趣味性，更要扎实，具有实效性。

第六节　中学荷球课程及业余训练开展方式方法

荷球运动在我国的推广和发展基本上都是在学校中开展的，推广和普及荷球运动最好、最快的方法就是开设荷球课程。在中小学开设荷球课程更是为荷球运动在我国的推广和普及奠定了基础，中小学荷球课程体系的搭建，有利于更早地培养出有潜质的荷球运动员，然后通过系统性的训练有利于促进具有中国特色的荷球运动员梯队的建设。

一、课程开设模式及荷球队建设情况

荷球运动从2009年开始在我国中小学试点开展以来，已经形成了从小学、初中、高中直至大学阶段的完整教学过程，开展荷球项目的学校在其课程建设和运动队建设方面都有各自的形式和特点。

1. 高中阶段课程开设模式

以原辽宁省营口实验高级中学开设荷球课程为例，2008年这所学校在高中课程改革的要求下，打破了高中体育传统的以自然班为单位统一上课的传统开课形式，改为由学生在学校预设的开课范围内，自主选择喜欢的体育项目的选课制。从2010年开始，原辽宁省营口实验高级中学把荷球运动同足球、排球、田径、乒乓球、健美操，一起作为学生体育课程选项内容。随着选项课的开展，荷球的技术、理念等内容得到了传播，使学生们认识了荷球运动。

2. 高中阶段荷球训练队的建设

通过两年的荷球课程的学习，教练员会从荷球班中选拔出具有一定技术基础的学生组成校级的业余训练队，每天花费2.5小时的课后业余时间进行长期科学的训练，使这些学生达到一定的竞技水平并能够参加低水平的比赛，随着比赛经验的不断积累直至能参加正式的全国性赛事及国际比赛。

3. 荷球训练队的梯队建设

由于高中阶段学制只有三年，要培养一名高水平运动员从时间方面来看是远远不够的。所以，一方面要积极地在下级学校推广荷球运动，开始从下级学校其他体育项目校队中挑选身高、速度、力量、灵活性较好的学生，将其补充到高中荷球队，这样既解决了在本校选不到理想队员的难题，同时这些被选到高中荷球队的学生，也会把荷球介绍给他以前所在的学校。另一方面，要通过与下级学校联谊，如优秀派出教练员、运动员到下级学校进行辅导，开展“大手拉小手”的集训活动等，使下级学校了解和掌握荷球运动的技战术和荷球理念，这样有利于更多优秀的初中生荷球运动员充实到高中荷球队，校队加快荷球运动员梯队的建设。

4. 初中阶段荷球课的特点

不同于高中阶段的选项教学，初中阶段的体育课程还是延续着自然班教学的形式。一般情况下，开展荷球运动的初中大多是在有荷球运动员的班级内组织荷球兴趣的教学，目的是利用这些荷球运动员传帮带的作用，促进和加快荷球课程的开设。

二、高中体育选项课程（荷球课）教学大纲

荷球课教学大纲（例）

一、目的任务

1. 树立以人为本、健康第一的指导思想。全面提高学生身体素质，有效地增强学生身体素质与健康水平，促进学生身体正常生长发育，培养个性，使学生的身心得到全面发展。

2. 使学生对荷球运动有比较全面、系统地认识，掌握基础理论知识、基本技术、基本战术，培养兴趣爱好，了解荷球竞赛规则及裁判方法，做到学有所长，终身受益。

3. 培养学生的爱国主义情感、团队意识、集体主义精神，增强竞争意识和拼搏精神，树立正确的体育道德观。

二、教学基本要求、重点和难点

1. 重点掌握荷球运动的传、接、投、突等基本技术，提高技术动作的质量及熟练程度，提高临场运用技术动作的能力和独立进行科学训练的能力。

2. 针对当前社会对复合型专门人才需求的实际状况，在教学中加大素质教育和学生综合能力培养的教学内容比重，并对教材内容重新整合；实践课教学中，技术、战术训练和专项身体训练三结合，以突出提高技术、战术运用能力为主。

3. 一般身体素质与专项身体素质训练紧密结合，并贯穿教学始终，使学生掌握速度、力量、耐力、灵敏等身体素质的训练方法，全面提高身体素质，使学生身心得到协调发展。

4. 通过理论课教学，使学生对荷球运动的起源和发展趋势、基本技术、基本战术、规则及裁判方法等内容有一个初步的了解，以此来指导未来的实践活动。

三、教学方式及学时分配

高中荷球课程教学方式和学时分配见表 6-6-1。

表 6-6-1 高中荷球课程教学方式和学时分配

层次 / 学时/小时 / 内容	基础班		提高班		教学方式
	春学期	秋学期	春学期	秋学期	
理论	4	3	4	3	现场教学
专项技术	24	11	24	11	
考 核	6	4	6	4	
机动	2	2	2	2	
合计	36	20	36	20	

四、教学内容纲要

（一）基础班

1. 专项内容

(1) 基本理论：

① 荷球运动的起源、发展与中国荷球运动的基本情况。

② 荷球运动与终身体育。

③ 如何提高荷球基本功。

(2) 基本素质：速度素质、耐力素质、灵敏素质、力量素质。

(3) 基本技术：双手传球、单手传球、双手定位投篮、双手低手投篮、单手投篮、抢篮下球、罚球。

(4) 基本战术：

① 防守对手：卡位、防守卡位者、在后防守、防守角色变换。

② 战术基础配合：传切配合、做球。

2. 考核内容

(1) 理论作业：如谈谈你对荷球这项运动的认识。

(2) 专项技术：双手胸前及行进间二人对传、双手低手投篮、双手定位投篮。

（二）提高班

(1) 基本理论：荷球规则的基本内容与荷球裁判方法。

(2) 基本素质：速度素质、耐力素质、灵敏素质、力量素质。

(3) 基本技术：传反弹球、行进间投篮、自由球、“V”形投篮、跨步转身投篮、后撤步转身投篮、抢断传球。

(4) 基本战术

① 防守对手：在后防守、防守角色变换。

② 战术基础配合：做球、进攻战术（4-00 阵型，2-02 阵型）。

2. 考核内容

(1) 理论作业：如谈谈你对荷球课的理解和建议。

(2) 专项技术：接回传球“V”形投篮、跨步转身投篮、分组对抗。

五、考核方法、要求及评分标准

（一）基础班

1. 考核内容

(1) 理论考核：以学生命题作业成绩为准。

(2) 学习态度：包括课堂表现和出勤情况。

(3) 专项技术：双手胸前及行进间二人对传、双手低手投篮（秋学期）；双手胸前及行进间二人对传、双手低手投篮、双手定位投篮（春学期）。

2. 评分标准

(1) 理论考核满分 10 分。

(2) 学习态度满分 10 分。

(3) 专项技术：秋学期满分 50 分，春学期满分 80 分。

① 考核内容及分值：双手胸前传球及行进间二人对传（满分 20 分）；双手低手投篮（满分 30 分）；双手定位投篮（满分 30 分）。

② 考核方法及评分标准

A. 双手胸前传球及行进间二人对传（满分 20 分）

考核方法：2 人 1 个球，间隔 5 米，进行原地传接球测试，测试三组，每组传球 5 次；2 人 1 个球，间隔 3 米，进行行进间传接球测试（测试距离 10 米），测试三组。

评分标准：

优秀 (20 ～ 18 分)：姿势正确，动作协调，行进间传球没有掉球和走步现象，且完成质量较好。

良好 (17 ～ 16 分)：传接球动作有小错误，稍显生疏，或行进间跑动传球有走步现象或掉球 1 ～ 2 次，但总体较熟练、协调，态度认真。

及格 (15 ～ 12 分)：动作能够完成，但不熟练，态度不够认真，或基础较差且无明显改进，行进间传接球比较勉强，有明显的错误动作。

不及格 (6 分以下)：学习不认真，态度不严肃，不能完成固定动作，不积极主动且不努力学习。

B. 双手低手投篮（满分 30 分）

考核方法：接同伴传球投篮（行进间上篮），要求共投中 4 次。若投不中，则继续投，直到完成为止。

评分标准：

优秀 (30 ～ 27 分)：动作熟练，姿势优美、协调，投篮命中率高。

良好 (26 ～ 23 分)：完成动作质量较好，但有一些错误动作，熟练程度和命中率仍需改进。

及格 (22 ～ 18 分)：行进间上篮动作不够协调，有僵硬的感觉，投篮命中率低，但尚能完成动作，有提高技术的愿望。

不及格 (18 分以下)：不能完成规定动作，学习态度不认真，无努力迹象，松散、懒惰等。

C. 双手定位投篮（满 30 分）

考核方法：罚球点双手投篮，每人罚球 10 次，根据罚球命中率及投篮动作正确协调程度进行评分。

评分标准：

优秀 (30 ～ 27 分)：姿势正确，动作协调舒展，罚中 4 次以上，多罚中一个加 1 分，直至满分。

良好(26～23分)：动作基本正确、协调，上下肢配合较好，且投中两次以上，或虽有小错误，动作一般，但是投中3次以上。

及格(22～18分)：能基本完成动作，且罚中1～2次，或命中率低，但是投篮动作较好者。

不及格(18分以下)：态度不认真，动作不正确，且无提高技术的愿望。

(二)提高班

1. 考核内容

(1) 理论考核：以学生命题作业成绩为准。

(2) 学习态度：包括课堂表现和出勤情况。

(3) 特色季节课：游泳、滑冰。

(4) 专项技术：接回传球"V"形投篮、后撤步转身投篮(秋学期)；接回传球"V"形投篮、后撤步转身投篮、分组对抗(春学期)。

2. 评分标准

(1) 理论考核满分10分。

(2) 学习态度满分10分。

(3) 特色季节课满分30分，具体参见季节游泳、滑冰课评分标准。

(4) 专项技术：秋学期满分50分，春学期满分80分。

① 考核内容及分值：接回传球"V"形投篮(满分25分)；后撤步转身投篮(满分25分)；分组对抗(满分30分)。

② 考核方法及评分标准

A. 接回传球"V"形投篮(满分25分)

考核方法：将球传给篮下的同伴后做"V"形移动，接球后投篮。每人五次。

评分标准：

优秀(25～23分)：传接球熟练，投篮命中率高，动作不拖泥带水，投篮速度较快。五投三中。

良好(22～18分)：速度一般，动作质量总体较好，无明显错误，体力一般，五投二中或一中，上篮动作比较协调，但仍需提高改进。

及格(17～14分)：能完成投篮动作但熟练性不够，或动作完成不好，投篮速度慢，命中率低(无命中)，技术仍需要努力提高。

不及格(14分以下)：不能完成投篮动作或动作不对，态度不认真，不努力。

B. 后撤步转身投篮(满分25分)

考核方法：接同伴传球后撤步转身投篮。每人五次。

评分标准：

优秀(25～23分)：传接球动作娴熟，转身动作正确，投篮姿势优美，命中率高。

良好 (22 ～ 18 分):动作基本熟练，技术较好，无明显走步，各动作环节合理连接，投篮较准，但质量需要提高。

及格 (17 ～ 14 分): 投篮动作一般，可能有走步现象，命中率不高，判断及反应能力需进一步努力提高。

不及格 (14 分以下): 达不到基本要求，综合能力差，不努力，不认真。

C. 分组对抗 (满分 30 分)

考核方法: 将学生分成三组或四组进行全场比赛，时间为 8 ～ 10 分钟 (也可规定先进 2 球者为胜)。裁判 2 人，教师根据学生的荷球技术、能力、体力及运用技术合理程度评分。

评分标准:

优秀 (30 ～ 27 分):积极主动，荷球技术、意识好，能合理运用荷球技、战术。投篮、防守和脚步动作都较好，有配合意识。

良好 (26 ～ 23 分): 能较合理地运用技、战术，能运用投、抢、切、传等技术，但综合能力及防守意识有待提高或脚步动作欠佳。

及格 (22 ～ 18 分): 能参加半场对抗，运用所学技术参与全场比赛，但各项技术均一般，有提高意识，基础较差，今后仍需要努力提高。

不及格 (18 分以下): 不积极主动，学习态度不认真，无提高技术的意愿。

三、单元教学计划的制定 (18 学时)

18 学时的学习内容如表 6-6-2 所示。

表 6-6-2　18 学时的学习内容

课次	学习目标	教学内容	教学重难点	教学策略
1	了解荷球运动	荷球运动的作用和意义及发展趋势	重点：荷球运动的作用 难点：荷球运动的发展趋势	教师讲解，学生讨论
2	掌握基本站立姿势和移动	基本站立姿势和移动；熟悉球性练习	重点：站立姿势和移动 难点：熟悉球性练习	激发学生学习的兴趣，点拨导学，合作学习
3	掌握基本的防守方法	各种情况下的防守动作	重点：各种防守的方法 难点：防守的要领	情景式教学、合作学习、探究学习
4	掌握传球的练习种类	练习传接球的方法	重点：掌握比赛中运用的传接球方法 难点：传接球的方法	教师点拨导学，学生渐进式学习
5	掌握双手传接球	练习双手传接球、运球急停急起	重点和难点：双手传接球	学生尝试练习，教师总结启发，双人合作练习
6	掌握原地投篮的方法	原地投篮的方法	重点：原地投篮的方法 难点：各种原地投篮的手法	教师引导学生自主学习与合作学习相结合

续表

课次	学习目标	教学内容	教学重难点	教学策略
7	掌握后退投篮的方法	学习后退投篮的方法	重点：后退投篮的方法 难点：后退投篮的手法	点拨导学，评价与探究学习相结合
8	掌握“V”形移动投篮的方法	复习后退投篮的动作方法；学习“V”形移动投篮的方法	重点：切入后“V”形移动 难点：“V”形移动与投篮的结合	教师巡回指导，学生自主合作
9	掌握“L”形移动投篮	复习行“V”形移动投篮；学习“L”形移动投篮	重点：学习“L”形移动投篮技术 难点：“L”形移动后的投篮	教师讲解示范，学生摸索探究
10	掌握两次传接球上篮	复习各种移动后的投篮；学习两次传接球上篮	重点：第二次传接球的动作要领 难点：两次传接球后的上篮	让学生体会两次传接球的方法
11	掌握两次传接球后的投篮与切入上篮的方法	学习打两次后的投篮与切入方法	重点：打两次切入方法 难点：打两次后的各种进攻方法	教师讲解示范，学生学习体会
12	复习所学的技能	教学比赛	重点：投篮准确 难点：得放方法	鼓励学生进行自主、合作和探究学习，组织教学比赛
13	掌握 4-0-0 阵型的方法	讲解 4-0-0 阵型的方法	重点：学习 4-0-0 阵型的方法 难点：在实战中的运用	鼓励学生进行自主、合作和探究学习，教师巡回指导
14	掌握 3-0-1 阵型的方法	讲解 3-0-1 阵型的要领	重点：学习 3-0-1 阵型的方法 难点：在实战中的运用	在讲解示范的基础上，让学生进行自主、合作和探究学习
15	掌握 2-1-1 阵型的方法	讲解 2-1-1 阵型的要领	重点：学习 2-1-1 阵型的方法 难点：在实战中的运用	教师结合实战讲解 2-1-1 阵型的方法与在教学实践中的运用
16	总复习	教学比赛；半场内四对四比赛	重点：灵活运用所学技术技能 难点：在规则允许下文明比赛	鼓励学生进行自主、合作和探究学习，组织教学比赛
17	总复习	全场教学比赛	重点：灵活运用所学技术技能 难点：在规则允许下文明比赛	鼓励学生进行自主、合作和探究学习，组织教学比赛
18	单元学习测评	各项进攻技术测评	重点和难点：从每个学生的实际出发，发挥自己的最佳水平	教师规定测评内容，学生选择自己擅长的得分技能参与测评

习 题

1. 荷球运动员选材要遵循哪些因素？
2. 青少年荷球课程有哪些特点？
3. 给出一个荷球课教学设计。

第七章　荷球运动科学研究

学习提要与目标

本章主要介绍荷球运动科学研究的意义、任务与特点，以及我国荷球运动科学研究的发展史和发展趋势。通过对本章的学习，应了解荷球运动的科研特点，有利于更好地促进我国荷球运动的进一步普及，同时提高我国荷球运动的竞技水平。

荷球运动科学研究是体育科学研究的一部分，是人们在荷球运动中，为了掌握荷球运动的本质和规律的认知活动。它是人们主观认识上矛盾的排解过程，是揭示荷球运动的规律，对荷球运动实践中发生的新问题、新情况进行探索和解决的过程。荷球运动科学研究是荷球运动教学与训练的理论支撑，使荷球运动的教学与训练更具有科学性，能够更好地服务于各项实践活动，既可以增强人民体质，又可以服务于社会主义精神文明建设。

第一节　荷球运动科学研究的意义、任务与特点

一、荷球运动科学研究的意义

1. 为荷球教学提供理论依据

当前我国的荷球运动发展快速，成绩突出。但想要继续攀登世界荷球运动的高峰，绝不是传统训练或经验训练就可以满足的，必须多学科联合进行长期持久的、科学的探索。通过对科学选材，教学、训练、竞赛的管理，有效调控比赛时的心理状态，合理营养，疲劳恢复等各方面开展针对性研究，能够为科学教学、训练、比赛提供有力的理论依据，全面提升国家队的竞技水平。

2. 促进荷球运动工作者自身素质的提高

荷球运动科学研究和其他科学研究一样，都是探索未知、发现客观规律的活动。因此，在进行科学研究的过程中，首先要加强政治思想的指导和保持认真、严谨、实事求是的态度，始终遵循科学的研究方法，不断学习、吸取新知识和新理论，储备广博的知识和扎实的理论基础，从而不断提高荷球运动工作者的工作能力，推动荷球运动更好地发展。

二、荷球运动科学研究的任务

1. 揭示荷球运动的规律

探索并正确把握荷球运动的规律，揭示其内在发展机制，对于科学指导荷球运动的实践，加速荷球事业的发展具有重要的理论和实践意义。因此，揭示荷球运动的规律是荷球运动科学研究活动最基本也是最重要的任务。

2. 推动荷球运动的发展

荷球运动的科学研究植根于荷球运动实践本身，又反过来指导荷球运动的实践。当代荷球运动科学研究所取得的成果，不仅为荷球运动的发展与进步提供了基础，还决定了荷球运动的发展方向，并以空前的速度和规模被应用于各项实践活动，使荷球运动一体化趋势日益显著。

三、荷球运动科学研究的特点

（一）研究对象、研究层面和研究领域的广泛性

1. 研究对象

荷球运动的研究对象为不同年龄段、不同水平、不同性别的参与者，不同类别的学生、教师，不同等级的运动员、教练员、裁判员，不同职能的管理人员、经营人员，以及学校荷球、竞技荷球、群众荷球、职业荷球、荷球市场等多种研究对象。

2. 研究层面

在荷球运动理论研究方面，既有指导性的理论体系和发展战略等宏观研究，又有操作性的生物化学、力学分析和技术运用等应用研究；既有对国家队高水平运动员的研究，又有对青少年后备人才的研究。

3. 研究领域

荷球运动研究领域包括运动理论体系与史学研究，技术、战术，身体素质，心理训练的理论和实践研究，竞赛前的准备、临场指挥、赛后分析等研究，教学训练中生理、生化和运动生物力学的应用研究，运动员的营养、赛中急救和赛后疲劳恢复、运动康复等研究，裁判员的培养、竞赛规则的演变对技术、战术产生的影响研究，我国荷球运动的体制、赛制和发展策略的研究等诸多方面的内容。

（二）研究内容的实践性和实效性

荷球运动丰富的技术动作、战术设计和独特的运动形式，同时与众多相关学科知识的发展和交融，为荷球运动科学研究提供了大量的研究素材。只有经过长期大量的荷球教学训练或比赛的实践检验，才能获得荷球运动科学研究的成果。可见，荷球运动科学研究来自实践又服务于实践，实践是推动荷球运动科学研究不断发展的原动力。从现有的研究成果来看，荷球运动科学研究内容的实践性和实效性非常突出，不少选题都是紧紧围绕荷球教学、训练和比赛等内容展开研究的。

（三）研究过程的动态性和研究结果的创新性

动态性规律是荷球运动的基本运动规律之一。就荷球运动本身而言，其内在的攻守对抗矛盾是推动荷球运动持续发展的内源性动力。"攻"的发展既制约了"防"的发展，又推动了"防"的创新；同样，"防"的发展既制约了"攻"的发展，又推动了"攻"的创新。外部的环境变化是荷球运动提升和创新的外源性动力。荷球竞赛规则的修订、赛制的调整，相关学科知识的发展和现代科学技术的创新，都对荷球运动的持续动态发展、不断创新起到了积极的引导和促进作用。荷球运动科学研究的时间长、跨度大，从提出科学假想、搜集资料、进行预实验、科学研究实验到结果分析、科学论证、得出结果，其过程是一个动态发展的过程。随着相关学科知识和科学技术的发展，越来越多的新理论、新方法、新手段、新科技成果运用于科研之中，使荷球运动科学研究的方法、成果不断得到创新与发展。

（四）研究理论和方法的综合性

现代科学技术的发展与创新以及科学知识的应用，为荷球运动科学研究提供了研究方法和理论依据，拓宽了荷球科学研究的思路。荷球运动科学研究不仅涉及体育训练学科，如人体解剖学、人体测量学、运动生理学、运动生物化学、运动生物力学、运动医学、运动营养学、运动保健学、运动训练学、体育心理学等，还与统计学、教育学、社会学、经济学、法学、管理学、哲学、文学等多种学科和老"三论"与新"三论"等创新理论相关。此外，现代科学技术成果也逐渐被大量运用到荷球运动科学研究中，如幻灯投影技术、摄影摄像技术、各种精密仪器的使用、电视录像的演示、电脑软件的开发以及各种针对性研制器材的应用等。借助这些相关学科知识的交叉作用和现代科学技术的新成果，综合运用各种研究方法，可以从不同角度探讨荷球运动尚未解决的诸多问题，从而拓宽荷球运动科学研究领域，开拓研究深度，增强研究的科学性、针对性和综合性。

第二节　我国荷球运动科学研究的发展史

一、我国荷球运动科学研究起步阶段

王宏伟（1992 年）发现欧洲许多国家兴起一项男女混合组队的球类运动，起源于荷兰的莱斯特，基本玩法与篮球雷同，也称荷兰式篮球。他认为荷球比赛虽然紧张激烈，但场上队员却表现得彬彬有礼，给场下观众带来了极大乐趣。

黄文卉 (2004 年) 提出荷球起源于荷兰，是荷兰的传统体育项目，也是世界上唯一一项男女混合的球类集体运动。荷球既是竞技项目，又是群体项目，尤其适合在学校推广，同时也是世界运动会的正式比赛项目。黄文卉 2003 年在荷兰进修时，被邀请参加了荷球的百年庆典，第一次见识到这项男女同场竞技的运动，但令人感到遗憾的是，此项目当时在中国还没有推广。于是她与相关人员共同商讨荷球运动在中国推广的“大计”，这个画面被一名记者拍到，成为了当月国际荷球会刊的头条新闻。

二、我国荷球运动的科学研究发展阶段

(一) 萌芽期 (2005—2008 年)

杨建华 (2005 年) 首先提出荷球运动自身具有教育功能，在高校开展荷球运动是可行的。它对发展和培养学生团队精神、公平竞争意识具有积极的作用，也符合高校体育改革的精神。李玮、崔艳荣 (2007 年) 提出地理优势能够转化为信息优势，人们获取信息的速度也会更快、更新、更准、更全面，这对于一个新兴的运动项目来说是极为重要的和必要的。孟少华 (2008 年) 认为，高校体育教学改革亟待积极引进和开设适合大学生的运动项目，以适应大学生不断增长的体育需求，这给荷球项目在高校的开展提供了有利的契机。苏兴田 (2008 年) 指出在高校开展荷球运动，师资力量是关键，应加大高校荷球教练员、裁判员的培养工作，开办荷球教练员、裁判员培训班，通过培训与实践使荷球运动在高校普遍发展起来。

2008 年 7 月 3 日，国家体育总局正式将荷球设立为我国试行开展的体育运动项目，属于大项。国内各地学者也陆续开展对荷球运动的推广和发展的可行性研究，同时把“合球”更名为“荷球”。

(二) 探索期 (2008 年至今)

2009 年，我国学者趋向于对荷球运动的技战术、社会价值、制约因素、发展趋势等多方面进行具体研究，为提高参与者身体素质、技战术水平，指导教学训练，储备后备人才，传播体育文化，提升文化自信心等给予了宝贵的意见和详细的注解。

陈浩群 (2009 年) 通过实验研究发现，影响罚球成功率的三个关键因素是运动员的身体素质和心理素质，以及对罚球技术动作的掌握程度。所以，在平时教学和训练中，应在运动员的身体素质和心理素质以及罚球的技巧上投入大量的精力，这样有利于增加罚球的命中率。教练员需要多加重视运动员训练时的表现和比赛时的状态，根据他们的实际情况，进行有针对性的训练，根据队员的差异，制订相应的模拟实战练习方案。

王璟 (2010 年) 通过研究发现，大力倡导全民运动，提高人民群众的身体素质，是国家也是人民共同关注的话题。与此同时，许多的高等学校也在着手改革体育课程的教学模式，更加关注学生的作用，让教师在教学中扮演指引方向的人，让学生不再是“要我学”，而是“我要学”，充分激发学生的学习热情，发挥主观能动性，让学生可以凭借自己的兴

趣爱好选择喜欢的运动项目、上课时间和教师，让体育运动真正地达到所要实现的意义，不再是简单的一门课程。

马文彪等人 (2011 年) 认为，许多学校都有篮球课，也都有一些篮球的设备，可以把荷球的比赛规则运用到篮球比赛中，使用篮球的场地设施，进行“荷式篮球”的比赛。平常的荷球教学也可以在篮球场地进行，这样有利于荷球运动在各大高校的推广。2015 年 8 月，由亚洲荷球联合会主办、印度尼西亚荷球协会承办的首届亚洲 U16 & U19 青少年荷球锦标赛 (K4)，是全球首次改变荷球竞赛规则和场地尺寸，让运动员在篮球场上进行的荷球比赛，这充分说明我国学者的思想对这项运动的发展起到了引领和指导的作用。

黄华娜 (2011 年) 认为，自由位置的投篮者要在对方队员找到合理防守位置之前找到投球的机会。运动员不仅要有扎实的基本功，还要有必要的投篮技术，只有通过增加训练强度，总结实战经验，才能找到最好的投篮角度与最稳的重心，提高投球的命中率，从而赢得比赛的胜利。

葛文青等人 (2015 年) 发现，卡位者助攻的时机非常关键，在队友接长传球、对手加速追赶时，或队友试图投篮、对手起跳封阻球时，如果卡位者能及时在篮下为队友助攻，队友将有很大机会切入上篮得分；如果助攻的时机不好，队友未能切入上篮，则卡位者会失去有利位置，在争抢篮下球时处于劣势。

张立科 (2020 年) 认为，荷球比赛中准确的投篮、精准的传球配合，以及球员在比赛中扮演不同角色的能力，都给观者带来不同的感官体验，使其从欣赏的角度去观看比赛。

李陆军 (2021 年) 在学习党的十九大报告时发现，人民要坚定文化自信，推动社会主义文化的繁荣兴盛。在“四个自信”中，文化自信位于灵魂性的地位。文化自信是一个国家、一个民族发展更基本、更深沉、更持久的力量，必须不断增强意识形态领域主导权和话语权，推动中华优秀传统文化的创造性转化，继承革命文化，不忘本来、吸收外来、面向未来，更好构筑中国精神、中国价值、中国力量。荷球运动最大的特点就是团队精神、性别平等、人与人的公平竞争，这些精神与传统文化及发展方向高度契合。荷球可以为我国体育文化的多元化作出贡献。

现阶段，我国荷球运动科学研究还处在探索期，需要更多的从业者和爱好者一如既往地参与和关注，才能为国家荷球队竞技水平的提高、荷球运动教学理念的完善、荷球运动的社会推广提供更高平台。

三、我国荷球运动科学研究的重大事件

(一) 硕士研究生招生

2008 年 5 月，郑州大学开始招收全日制体育教育训练学荷球硕士研究生。

郑州大学是国内唯一一所开设培养荷球方向高层次人才专项课程的学校，填补了世界荷球运动在体育学专业硕士研究生培养这一领域的空白。

（二）国内研讨会

2014 年 5 月，全国荷球科研与教学论文研讨会 (第一届) 在郑州大学举办，共收到来自全国各高校的论文 100 篇。同月，全国荷球教学与训练论文报告会 (见图 7-2-1) 也在郑州大学召开。

图 7-2-1　全国荷球教学与训练论文报告会

2015 年 6 月，天津科技大学举办第一届全国学校荷球论文报告会，如图 7-2-2 所示，收到论文 52 篇。

图 7-2-2　第一届全国学校荷球论文报告会

2017 年 4 月，“首届荷球运动发展国际交流与合作高峰论坛”在郑州大学举办，国内外荷球专家和相关学者在会上进行了学术交流，大会还聘请了国内外专家进行论文评审，共收录论文 107 篇。

2018 年 6 月，“荷球运动发展国际交流与合作高峰论坛暨第二届国际荷球论文研讨会”在郑州大学举办，共收录论文 89 篇。该研讨会是世界唯一的荷球专业论文研讨会，填补了该运动项目在科学研究方面的空白。

第三节　荷球运动科学研究的发展趋势

一、我国荷球运动发展战略

我国荷球运动的发展规划研究是一个宏观的、方向性的大课题。它决定了未来我国荷球运动的发展方向。当代荷球运动已经发展到了一个全新的高度，如何以当代荷球运动的特点和发展趋势为指导，结合我国荷球运动的实际情况，重新思考和确立我国荷球战术和训练的指导思想，以帮助我国荷球赶超世界先进水平，是我国荷球运动科学研究的基础工作。

当代荷球竞赛的快速发展对荷球教学与训练提出了更高的要求，利用现代科学技术成果和学科知识来优化控制荷球教学与训练，最大限度地挖掘运动员在技术、战术、体能、心理和智力等方面的潜能，是今后荷球运动科学研究将加强和重视的工作内容。

二、我国荷球运动科学研究未来将继续关注的热点问题

我国荷球运动科学研究的参考选题如下：

(1) 我国荷球运动发展战略与规划研究；

(2) 荷球运动教学与训练科学化研究；

(3) 我国荷球运动管理体制研究；

(4) 我国荷球运动市场化研究；

(5) 我国学校荷球运动开展研究；

(6) 荷球教学与训练基本理论的深层次探索；

(7) 多学科专家结合各专业知识综合研究指导荷球教学训练；

(8) 广泛运用高科技成果来控制荷球教学训练过程。

随着世界科学技术与体育科学研究的迅速发展，在未来的荷球运动科学研究中，多学科知识的相互交融将愈加热烈。在继承已有研究成果的基础上，充分借助自然科学、社会科学和现代科学技术，对我国荷球运动进行全方位的深入探讨，是我国荷球运动科学研究发展的必然趋势，也是实现我国荷球运动与时俱进发展的关键所在。目前，我国荷球运动改革已取得相当的成绩，为了加快荷球运动改革的进程，必须对所面临的诸多问题进行科学、严谨、系统、深入的研究。

1. 荷球运动科学研究的任务、意义是什么？
2. 简述荷球运动科学研究的发展史。
3. 我国荷球运动科学研究未来将继续关注的热点问题有哪些？

第八章 荷球游戏

学习提要与目标

荷球游戏是体育游戏的一个分项，是荷球运动启蒙练习及专项训练的方法和手段，通过荷球游戏的教学与训练可以激发练习者的兴趣，使其更深一步地理解荷球运动的精神。通过本章的学习，要求了解荷球游戏的作用、特点及基本方法。

荷球游戏既有一般体育游戏的特点，又能够突出荷球运动的特征。在荷球运动教学和训练中，有目的、有计划、有组织地结合游戏进行趣味性的“教与学”“学与练”的协同活动，可以充分调动参与者的主观能动性，有助于参与者最大限度和最快速度地掌握荷球运动的基本技、战术，协助提高荷球运动教学和训练的效果。

荷球游戏已成为现代荷球运动教学和训练中的一项基本内容，科学、合理地运用荷球游戏和趣味荷球活动这种“特殊的教学手段与方法”，对于有效地完成荷球教学和训练任务，能起到其他练习方法难以起到的作用，达到事半功倍的效果。

第一节 荷球游戏概述

一、荷球游戏的概念

荷球在发明初期是以游戏的方式出现的，随着荷球渐渐发展成为一项竞技运动，荷球游戏也成为荷球运动教学和训练的重要组成部分。

荷球游戏是一种以荷球为主要媒介，有特定目的、任务，并在规则范围内实施某种活动的形式和方法的总称。由于它的内容丰富、形式多样、娱乐性强、简明易做，同时具有竞争性，所以对参与者有较大的吸引力。有组织地在教学和训练中开展荷球游戏，不仅能协助完成荷球教学任务，并且能够通过荷球游戏培养参与者遵守纪律、团结友爱的集体主义精神和勇敢、顽强、果敢等优良的品质和作风，有利于强化参与者荷球运动意识的形成。

二、荷球游戏的作用

荷球游戏的作用可概括如下：

(1) 荷球游戏具有娱乐性和趣味性，能够调动参与者的学习积极性，促进教学和训练任务的完成。荷球教学和训练是正确、熟练地掌握荷球运动技、战术的过程，在此过程中适当地安排一些游戏，可以增加参与者对训练的热情，激发参与者的兴趣和学习的主动性、积极性。

(2) 荷球游戏的教育性，使参与者在教学和训练中能够保持持久的兴奋性和旺盛的求知欲，减轻疲劳感，有利于提高教学和训练的质量。荷球教学中的某些训练是枯燥乏味的，如一些基本功的练习，若这些练习以游戏的形式出现，既可提高参与者中枢神经系统的兴奋性，延缓疲劳的出现，又可使大脑在良性兴奋状态下掌握各项技能，提高教学质量。

(3) 荷球游戏是对荷球运动的模拟和改变，能为学习荷球技能和培养荷球意识创造一个轻松愉快的环境，有助于教学和训练目标的实现。荷球运动是一项兼具时间、空间特征的综合对抗运动项目，可以提高参与者的感觉器官和机能的敏感性、稳定性与思维能力。经过改编后的荷球游戏是对荷球运动环境的模拟，可以有效提高参与者身体的各项机能。

三、组织荷球游戏的要求

(1) 紧密配合荷球技术教学。

全面发展参与者的各项身体素质，提高参与者掌握荷球运动基本技术动作的能力，是荷球游戏最重要的任务之一。在制定荷球游戏的教学计划时，既要考虑到游戏的内容和方法要符合参与者的年龄特点，适应参与者生理和心理发展的需要，又要使游戏紧密配合荷球教学的任务，通过游戏提高参与者的技能。同样的游戏，由于教学方法不同，运动量与教学效果也会不相同；参与者掌握技术的程度不同，完成游戏的质量就会不同，教学效果也不同。若游戏的内容太简单或难度太大，不符合参与者的身体素质水平和所掌握技术的程度，则教学效果会受到很大的影响。

(2) 提高参与者的思维能力。

荷球游戏不同于技术教学，不仅带有特殊的情节和规则，又能反映该项目的特点和规律。参与者通过游戏，可以充分发挥想象力和创造力，发展思维，提高对荷球运动的认知。要做到这一点，仅凭单纯的说教是不可能实现的。例如，为了在游戏时能抢到篮下球，参与者要在听到组织者“叫号”后作出快速的反应，同时还要判断组织者投出球的反弹方向。在此情况下，如果组织者对参与者进行启发和指导，那么不仅能提高参与者的体力和智力水平，而且有利于加深其对抢篮下球的重要性和规律性的认识。

(3) 对参与者进行思想品德教育。

荷球运动区别于其他单人运动项目的重要标志之一，是集体的协作性。在荷球游戏中，参与者之间需要团结互助、协同配合，强化集体观念，但也容易出现因争强好胜而过分表现自己的行为。因此，通过荷球游戏向参与者进行思想品德教育是最有利的时机。

第二节 荷球游戏的特点

荷球游戏既具备体育游戏的一般特点，又具有相对的特殊性。只有认识和了解荷球游戏的特点，才能充分发挥其应有的作用。

一、灵敏性

荷球游戏根据荷球运动项目的特点，把参与者的灵敏素质作为选材、训练的第一要素。灵敏素质是指运动员在没有准备状态下的急起、急停、变向、再加速的运动能力，即在各种变化条件下改变身体运动的能力。在设计荷球游戏时，可以适当增加有利于提高身体灵敏素质的内容，不仅能让参与者在游戏中感受到乐趣，而且能在不经意间提高参与者自身的灵敏性。游戏内容可根据参与者自己的要求进行设定，参与者可以自由选择玩什么，怎样玩，使用什么器材，商议游戏的方式及进程。

二、变通性

荷球游戏的活动方法、动作、路线、主要规则可以根据参与者的实际情况有不同的变化，场地器材也可以根据实际情况选用。荷球游戏中的动作，可以根据参与者的具体情况和不同要求作出相应调整，可以是正常的跑、跳、投，也可以是变异的跑、跳、投；可以徒手，也可以利用各种球类；可以提出严格的动作规范，也可以淡化动作规范。这与荷球比赛中严格的技术规范形成了鲜明的对比。荷球游戏中的路线，也可以根据参与者的具体情况和不同要求作出相应调整，可以是直线、曲线，也可以是弧线、螺旋形；可以一次直接到达终点，也可以几人接力到终点或一个人数次往返来回。荷球游戏中的规则，不需要过分精细，只要有必要的几条主要规则即可。规则可根据荷球游戏的目的，对活动的路线作不同的限制，从而达到理想的效果。荷球游戏对场地、器材的要求极低，可以因地制宜。荷球游戏的变通性使其成为一项入门简单、便于组织开展的活动。

三、竞争性

与荷球比赛一样，荷球游戏也具有竞争性，而荷球游戏的竞争与比赛的竞争有所差别。比赛的竞争是在统一严格的规则的制约下，一种强者的竞争，只有体能好，技、战术水平高的人才有可能在竞争中获胜。荷球游戏由于其竞争方式有较大的变通性，虽然游戏结果一般也是以获胜而告终，但游戏获胜的因素是多种多样的。竞争的内容可以随意变通，可以比体力、比技巧、比智力，也可以比运气，比与同伴的协作能力，比集体的力量，比应变能力、比勇气等等，因此可能出现的结果也是多种多样的。荷球游戏的这种竞争性，可以使弱者有成功获胜的可能，同时也给强者提出新的挑战。只要全力以赴，参与者都有获胜的希望。

四、趣味性

趣味性是荷球游戏的显著特点。由于荷球游戏是一项参与者能够自由进行选择的活动，没有过多的限制，所以参与者能轻松、自由、平等地参加活动，能够自由地表现，并把注意力集中于游戏本身的乐趣上，从而感到轻松愉快。此外，荷球游戏的随机性、偶然性，也会使游戏的参与者产生出乎预料的愉快的、情绪体验，从而满足参与者情绪、情感上的需求。

第三节　荷球游戏的基本方法

荷球游戏的基本方法较多，通常可以将荷球游戏按基本技术和基本技能进行分类。例如，可以按移动、传接球、投篮等几类基础性技术动作组织游戏。

一、移动游戏

移动是指通过各种突然、快速的脚步动作，达到进攻时摆脱防守，防守时逼紧对手的目的，以争得对时间和空间的主动权，进而有效地完成攻防任务的一种技术。这是荷球运动各项技术的基础，也是比赛中运用最多的一项技术。鉴于移动技术练习较为枯燥，因此以游戏的方式进行移动技术教学和训练是荷球教学和训练中常用的教学手段。从教学的角度来说，移动技术教学和训练的重点体现在两方面：一是要与荷球运动的专项身体素质训练紧密结合；二是要与荷球运动的合理对抗技术相结合。从移动游戏素材选择的角度来说，应将移动的单一技术动作与专项身体素质训练紧密结合起来。因此，组织移动游戏的目的，首先是让参与者掌握各种移动技术动作，在球场上能够正确地蹬地、用力、变向，转移身体重心，保持身体平衡；其次是让参与者掌握移动技术运用的方法以及不同技术动作的相互衔接要点，提高脚步移动的隐蔽性和灵活性；最后是通过模拟比赛，提高参与者移动技术与其他技术快速转换的能力。

例 A　喊数扶抢。

(1) 目的：提高参与者的反应和快速起动能力。

(2) 场地器材：荷球场 1 块，标枪 1 根。

(3) 方法：参与者成圆圈站立，报数并且记住自己的号数。教师或教练员在圆圈中央手扶竖立在地面上的标枪原地跑动，参与者绕圆圈跑动，教师或教练员随意叫出某一号数，同时将标枪放开，跑进圆圈加入参与者行列。被叫到的参与者应立即起动跑到圆圈中央将要倒下的标枪扶住并竖直，然后呼叫下一位，游戏继续，未来得及扶住标枪者受罚。

(4) 规则：

① 扶标枪者放手时不得有意加速标枪的倾倒速度，放手后要注意躲避下一位扶标枪参与者的跑动路线。

② 扶标枪者叫的号数不能是上一位扶过标枪的参与者。

(5) 建议：游戏人数以 10 人左右为宜，若人数太多可分组进行，人数太少可增大跑动半径。

例 B 你追我赶。

(1) 目的：提高参与者的反应和快速起动能力，以及参与者投篮出手速度和防守的反应能力。

(2) 场地器材：荷球场 1 块，荷球若干 (参与人数的一半)。

(3) 方法：在荷球中场，参与者平均分成两组，2 人一组，成横队并做俯卧撑准备姿势，脚底相对，荷球摆放在距离底线 3 米的地方。

(4) 规则：

① 当教师或教练员喊到单数的时候，双方起身，站在教师或教练员左边的参与者追防右边的参与者，右边的参与者拿球迅速投篮；喊到双数时则反之。进攻方被防守方合理防守时，进攻方罚做 5 个俯卧撑。

② 俯卧撑姿势要标准，以教师或教练员的口令为准。

③ 只能沿着直线跑，防守时需注意保持好防守位置。

(5) 建议：游戏人数以 10 人左右为宜，若人数太多可分组进行。

二、传接球游戏

传接球技术是荷球运动的一项重要进攻技术。全面熟练地掌握传接球技术，才能把全队联成一个整体，充分发挥集体的力量，进而争得比赛的主动权。

例 A 传球跳绳。

(1) 目的：提高参与者传接球的动作速度。

(2) 场地器材：荷球场 1 块，荷球 2 个，跳绳 4 条。

(3) 方法：把参与者分为人数相等的两队，每队选出 4 人拉绳，每两人摇一条跳绳，其余人分成两组分别站在跳绳两侧，站在其中一侧排头的人手持 1 个荷球。游戏开始，持球人迅速跑上跳一次绳，立即把球传给对侧准备跳绳的同伴，然后跑至对侧队尾，对侧同伴接球后同样跳一次绳并把球传给另一跳绳的同伴，如此循环进行。

① 全队每人轮一次，先完成的队为胜。

② 在规定时间内跳——传球累加次数多的队为胜

③ 在规定时间内连续跳——传球累加次数多的队为胜。

(4) 规则：

① 未持球跳绳则视为失败。

② 凡被跳绳碰到或缠绕均视为失败。

(5) 建议：可改为每 3 人摇绳 1 人跳，两组不间断地进行传接球。

例 B　传球贴人。

(1) 目的：提高参与者的传接球及移动能力。

(2) 场地器材：荷球场地 1 块，荷球 1 个。

(3) 方法：参与者中 2 人为贴人组，其余人为被贴组 (人数不限)，游戏开始时，贴人组的参与者按规则要求相互传接球移动，用手中的荷球去触碰被贴组的参与者，要求贴人时球不能离手，被贴到的参与者加入贴人组，以此类推，直至被贴组全部人员都被贴到，则游戏结束。

(4) 规则：

① 贴人时球不能离手，持球贴人，球在传递过程中触及被贴者无效。

② 传接球时按荷球竞赛规则要求进行，不能出现持球移动及运球现象。

③ 游戏过程中贴人者、被贴者均不能超越规定的场地范围。

(5) 建议：可适当缩小场地范围，增加轮换的次数，以增加游戏的难度。

三、投篮游戏

投篮是荷球运动最重要的基本技术，是最主要的得分手段，也是决定荷球比赛胜负的关键因素。投篮与防投篮构成了荷球比赛中攻防矛盾的焦点。因此，正确掌握和熟练运用投篮技术，不断提高投篮命中率，对于获得比赛胜利具有重要的意义。

例 A　投篮接力。

(1) 目的：提高参与者罚球或原地投篮的命中率。

(2) 场地器材：荷球场 1 块，荷球 2 个。

(3) 方法：把参与者分为人数相等的两队，各成纵队站于罚球线 (或设定的投篮点) 后，排头各手持一球。游戏开始，从排头起依次进行“1 + 1”投篮，即先投一球，若投中则可投第二球；若未中则把球传给下一位参与者，然后跑至队尾。全队均投完后，累计所投中的球数多的队获胜。

(4) 规则：

① 必须在投篮点按规定方式投篮，否则投中无效。

② 投篮队员准备时间不得超过 5 秒，否则投中无效。

(5) 建议：胜负方式可以改为先得够规定分数的队伍为胜。

例 B　单脚追击。

(1) 目的：提高参与者下肢力量，练习单脚投篮。

(2) 场地器材：荷球场 1 块，荷球若干 (参与人数的一半)。

(3) 方法：2 人一组，1 个球，前后间距 3 米，从底线出发，球柱放置到荷球场地的另外一个半场，两人均用单脚跳跃，站在前面的人 (进攻方) 拿到球后单脚投篮，后面的人 (防守方)单脚追击。

(4) 规则:

① 中途最多只能换脚一次。

② 防守方尽量制造进攻方合理进攻。

③ 进攻方被防守方合理防守,进攻方罚做俯卧撑 5 次。

(5) 建议:游戏人数以 10 人左右为宜,若人数过多可分组进行。

习题

1. 荷球游戏都包括哪些?
2. 荷球游戏的作用是什么?

第九章 荷球裁判工作

学习提要与目标

裁判工作是荷球比赛的重要组成部分，本章将对荷球裁判员、助理裁判员的工作要求，比赛记录台工作方法与常见犯规与判罚等进行介绍。通过本章的学习，要求了解荷球裁判员的工作职责、要求，以及比赛记录台工作方法，为参与裁判工作奠定基础。

第一节 荷球裁判员的工作职责与要求

一、裁判员的工作职责

裁判员负责掌控整场比赛。其工作职责有：

(1) 决定体育馆、比赛场地与器材是否适合比赛，并要注意比赛过程中可能产生的变化。若出现比赛场地太滑；比赛场中积水；体育馆内有危险障碍物时，可取消比赛。

(2) 执行竞赛规则，若判决不利于非违规队时，裁判员可遵循利益原则对此违规不予判罚。裁判员可在比赛期间任何时刻判罚违规事项，即使在比赛中断时亦可判罚。

(3) 运用规定手势明确其判决 (裁判员规定手势详情见荷球竞赛规则附录)。

(4) 当某队自场外取得不公平利益时，裁判员应立即采取适当行动进行处理 (详情见荷球竞赛规则注释)。

(5) 以鸣笛表示比赛开始、停表、重新开始及暂停。

当运动员完成发球准备及符合发球规定时 (详情见荷球竞赛规则 3.9 及 3.10)，裁判员应立刻鸣笛指示比赛开始或重新开始。

出现下列情况时，应中断比赛：

① 进球得分时；

② 违规而必须判罚时，或不公平获得利益时；

③ 需执行裁判员掷球时；

④ 运动员受伤流血时；

⑤ 因场地、器材或运动员人数改变、行为不当、外界干扰而必须采取行动时；

⑥ 上半场比赛终了时。

出现下列情况时，必须终止或结束比赛：

① 全场比赛时间终了时；

② 因场地、器材或运动员人数改变、行为不当、或受到外界干扰而无法继续比赛时。

(6) 判罚行为不当的运动员、教练员、替补队员、球队职员 (详情见荷球竞赛规则 2.2b)。

① 裁判员可正式警告行为不当的球队成员 (出示黄牌)，或判罚退场 (出示红牌)。除以上规定以正式方式警告外，裁判员亦可用非正式方式警告 (如提醒) 运动员、教练员、替补队员及其他球队成员改变其比赛方式或言行举止 (不当言行请参考荷球竞赛规则注释 3.2f)。比赛期间若运动员有严重的不当行为出现，必须马上驱逐该运动员离场。

② 对于教练员的不当行为，裁判员有权要求其在剩余比赛期间，未经许可不得离开球员席区；或在整场比赛期间撤销其教练员职责；甚至将教练员驱逐离开比赛场区。

(7) 在观众干扰比赛时采取行动，必要时，裁判员可警告观众，或选择取消或结束比赛。

(8) 其他裁判员的工作内容。

① 计时员与记录员 (详情见荷球竞赛规则注释 2.4)。

记录台应指派一名计时员和一名记录员。计时员负责比赛中和时间相关的工作。比赛中断时，计时员须向裁判员发出声音信号指示某队已要求暂停或替换，此声音信号不可与裁判笛音混淆。记录员负责手动记录全场比赛过程中的相关事项和数据，以此作为裁判员和电子设备记录的补充。

② 助理裁判员 (详情见荷球竞赛规则注释 2.5)。

每场比赛应有一名助理裁判员协助裁判员掌控比赛。助理裁判员应携带一面旗帜，在球出界或靠近自己位置发生犯规时挥动旗帜提醒裁判员。裁判员可在赛前决定及要求助理裁判员协助他的工作范围。裁判员应告知助理裁判员如何配合他的执法位置做移动。比赛期间助理裁判员应站在比赛场区外。经裁判员许可后，助理裁判员可短暂地进入比赛场区内。裁判员有权免去助理裁判员的职务及视情况允许时指派替补助理裁判员。

二、对裁判员的要求

对裁判员的要求具体有：

(1) 拥有良好的社交能力：尊重教练员与运动员，与其保持良好的沟通互动关系。

(2) 拥有相信自己的能力：对自己充满自信，自信来源于对荷球竞赛规则的理解和对球队的分析，以及临场的裁判经历。在面对棘手的判决或偶发事件的发生以及观众发出的杂音时，要能够不影响自己的判断。

(3) 拥有承受并转化压力的能力：要能够承受住来自人员 (包括自己、运动员、教练员、观众)、赛制 (关键场次或无关场次)、球队 (实力接近或实力差距过大) 等方面的压力；

提高抗压、泄压的能力，熟悉竞赛规则，每场比赛做好充足的准备；研究球队的风格、打法；明确与助理裁判员的责任分工；与教练员、运动员进行学习交流、总结经验等。

(4) 保持长久的专注力：公平公正是比赛的前提。裁判员应以荷球竞赛规则及理念作标尺，以充沛的体能作保障，整场比赛要集中注意力，心无杂念，不被误判、漏判，运动员和教练员的情绪、语言所干扰，客观公正地作出判罚。

(5) 保持轻松愉悦的心态：热爱裁判工作，不计得失，敢于面对困难，接受挑战，勇于承担错误，时刻提醒自己面带微笑，以饱满的热情和负责的态度对待每一场比赛。

(6) 统一标准：整场比赛中，不管是前期或是后期；不管是哪一支队伍，若出现相同的情况要作出相同的判罚；在面对运动员、教练员、观众的反对或激烈情绪时，要仍能作出正确的判断，不应对任何一名教练员或运动员产生偏见。

(7) 当赛场上出现问题时，越迅速作出判罚越好。正确、果断、坚定的判罚来自于裁判员对荷球竞赛规则的熟悉程度和对场上赛况的专注度。

第二节　荷球裁判员的工作内容

一、裁判员的赛前准备工作

裁判员的赛前准备工作包括以下内容：

(1) 通过观察交流，认真分析场上两支队伍的比赛风格、技术特点、战术打法以及主力队员自身的技术特点、活动区域和易犯错误等。

(2) 重视每一场比赛，赛前要保持体能充沛，并在赛前积极地做好准备活动，使身体充分预热，调节肌肉、韧带、关节到最佳状态，满足比赛的需求。

(3) 赛前和助理裁判员进行沟通，责任划分明确，提前做好跑动路线、状况提示以及应对突发状况的方案。通常状况是裁判员负责关注球及球柱下的状况；助理裁判员负责关注外围的边线、走步、投篮后的犯规等情况。

(4) 配好装备，包括服装、鞋子、口哨、红黄牌、手表、边旗和振动器。

二、裁判员如何跑位和移动

裁判员在场上跑位和移动应遵循以下原则：

(1) 裁判员的跑位：在不干扰运动员的前提下，做好预判，任意跑动，通常是在记录台一侧跑大 U 形路线。

(2) 助理裁判员沿记录台对面边线来回跑动，原则上始终在裁判员视野内，要和裁判员、球柱保持三点一线。

(3) 攻守转换时，裁判员和助理裁判员的跑动路线应相互配合。

(4) 在场赛上，裁判员不能站立不动，要做到球动人动，目的是接近球或持球队员，要看得见、看得清，做好预判，使每一次的判罚都发生的眼前。

三、裁判员的沟通方式

裁判员的沟通方式包括：

(1) 态度：非语言的，一般通过裁判员坚毅的眼神、果断的判罚、自信的神态、保持微笑的表情等肢体语言表现出来。

(2) 哨音：利用哨音的高低、强弱、长短的变化来表达裁判员对违规动作的态度及犯规的严重程度，一味地使用重哨音或哨音太低都不足以表达裁判员的态度。

(3) 语言：语言沟通的对象是场上队员，形式主要有语言提醒、口头警告、简要说明等，有声的语言是裁判员态度和哨音的补充。

(4) 手势：清晰、标准的裁判手势，不但能让场上队员清楚进攻方向、犯规性质及发球地点，也能让场外的教练员、替补队员及观众了解裁判员的判罚。因此，裁判手势要率先指出进攻方向，再指出犯规性质及人员，动作要清晰、标准、稳定、大方，尽可能稍微慢一点。

(5) 与助理裁判员的沟通：按照赛前商定的沟通方式，在配合跑位的前提下，多以眼神、手势交流为主。

四、其他注意事项

裁判员在比赛期间应时刻保持头脑清醒，并注意以下几点：

(1) 记得上半场开球方向（下半场开球方向相同）；

(2) 尽量靠近犯规容易发生的地方；

(3) 跑位的路线要有变化；

(4) 指出正确的进攻方向和犯规地点；

(5) 利用哨音的高低、强弱的变化表达态度；

(6) 给出正确的手势；

(7) 放松心情，融入比赛；

(8) 赛后与教练员、运动员展开讨论，总结经验；

(9) 观察运动员的动作与意图；

(10) 为了保证比赛的流畅性和观赏性，一般犯规严重时才鸣笛。

五、裁判员的执裁尺度

裁判员对荷球竞赛规则的理解和把握体现在赛场上所作出的判罚即为裁判员的执裁尺度。开赛前五分钟左右，裁判员应告诉运动员执裁的尺度，即什么动作可以做，什么动作不能做。不管哪支队伍，相同的情况要作出相同的判罚，尤其是在下半场最后几分钟，要做到尺度统一。尺度统一是指对比赛双方队员的判罚一致；对整场比赛的判罚尺度一致。裁判员不应对某一队员或教练员存有偏见。

六、助理裁判员的工作职责

每场比赛应有一名助理裁判员协助裁判员掌控比赛。助理裁判员应携带一面旗帜，在球出界或靠近自己位置发生犯规时挥动旗帜提醒裁判员。裁判员可在赛前决定及要求助理裁判员协助其工作的范围。

裁判员应告知助理裁判员如何配合他的执法位置做移动。比赛期间助理裁判员应站在比赛区域的比赛场区外。裁判员有权免去助理裁判员的职务及视情况允许时指派替补助理裁判员。

第三节　荷球比赛记录台工作方法

一、记录台人员与设施配置

记录台面向球场，距边线 3 米 (替补队员席设在记录台侧方)，设在高于球场地面 0.15 ～ 0.30 米的平台上，使记录人员能清楚地看到全场和两侧的球队席。

(一) 人员

记录台需要配备至少 8 名工作人员：

(1) 记录员 2 人 (计算机记录员 1 人、助理记录员 1 人)；

(2) 计时员 2 人 (计时员 1 人、25 秒计时员 1 人)；

(3) 宣告员 2 人；

(4) 副组长 1 人 (负责暂停、换人)；

(5) 组长 1 人。

另外，记录台还需要 1 名组织协调人员，负责组织、调配记录台相关人员。记录台工作人员位置分布如图 9-3-1 所示。

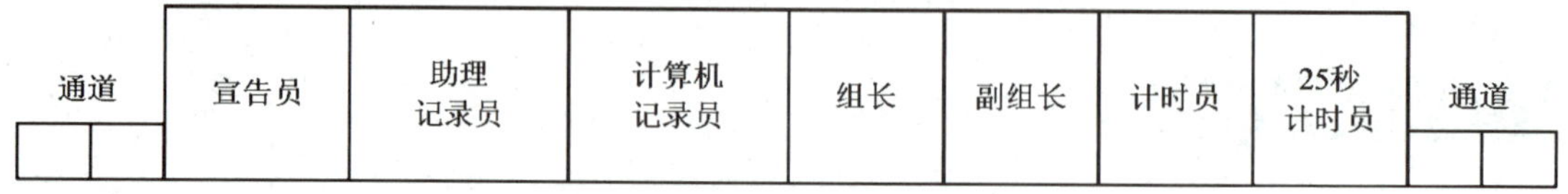

图 9-3-1　记录台工作人员位置分布

注：记录台两侧要留有通道，方便25秒计时员和助理记录员在特殊情况下离开记录台向边线(或裁判员)靠近。记录台后方原则上不允许安排工作人员临时坐席，也不允许闲杂人员站立。如有无法移动的固定席座，须有明显隔离的标志。

(二)设备与物料

设备配置情况如下：

(1) 长条桌4张；

(2) 凳子(椅子)14个(记录台12个、记分牌翻分人员2个)；

(3) 球队席长凳2个；

(4) 计算机1台，打印机1台；

(5) 计时器1台(须可调出25秒和30分钟)，时间显示屏(器)1～2个(须与计时器兼容配套，有时间蜂鸣器，一般放置于边线外中间明显位置，也可放置于端线外明显位置)；

(6) 25秒计时器1套，配备2个显示屏；

(7) 音响设备1套，话筒2个；

(8) 秒表1块，蜂鸣哨(多音哨)1个，换人牌与暂停牌各1个，边旗1支，哨子1个，红黄牌1套；

(9) 记分牌1个，置于记录台对面；

(10) 计时荷球球柱，专业比赛计时、计分系统(国家级以上比赛使用)。

物料配置情况如下：

(1) 多孔插座1～2个(用于连接计算机、打印机、计时系统控制端与音响等设备电源，若插座线不够长，须有一段较长的电源连接线)；

(2) A4纸1包，普通水笔4支，黑红两色马克笔各1支，档案袋10个；

(3) 深色胶带或袖套1个(用于标示场上队长)；

(4) 成绩公告板1个(用于公布各参赛队伍比赛成绩)；

(5) 场地胶带若干(用于修补场地线及固定球柱底盘)；

(6) 剪刀1把。

二、荷球比赛记录台工作流程

(一)赛前检查(约30分钟)

(1) 工作人员提前30分钟到达记录台工作地点；

(2) 检查操作设备，包括通电源、计算机、话筒与音响设备、计时器工作是否正常；

(3) 打印记录表、上场阵容表、换人表等相关表格，记录员填写记录表中的有关内容；

(4) 与临场裁判员见面，接受裁判员的询问；

(5) 检查比赛用球及其他用品，及时查漏补缺。

（二）赛前准备（约 20 分钟）

(1) 开启计时器和显示屏，倒计时记录、公示距离比赛的时间；

(2) 向参赛双方分发准备活动用球，双方运动员做准备活动；

(3) 督促裁判员召集双方队长抽签，记录台负责登记抽签结果；

(4) 向双方教练分发上场阵容表、换人表等表格，并回收交计算机操作人员。

（三）入场仪式（约 7 分钟）

(1) 运动员结束准备活动，宣告员介绍双方运动员、教练员与裁判员；

(2) 奏参赛双方国歌；

(3) 双方运动员合影留念，并相互致意、交换礼物；

(4) 运动员退出比赛场地。

（四）比赛期间工作（按竞赛规程要求正点开始比赛）

(1) 运动员上场，核对比赛双方首发运动员上场的攻守阵容（计算机记录员与助理记录员负责），开始比赛；

(2) 登记比分（计算机记录员与助理记录员负责）；

(3) 副组长负责暂停与换人，并及时发出信号，宣告员广播、记录员登记、计时员停表并及时开启秒表记录暂停时间、25 秒计时员等协调工作，距离暂停时间还剩 15 秒或者换人完毕后，副组长负责发出信号告知裁判员及场上队员，同时宣告员广播；

(4) 中场休息 10 分钟。计时员开启计时器和显示屏，倒计时记录、公示距离比赛开始的时间，按照规定时间发出信号告知裁判员和场上队员；

(5) 中场休息后，下半场工作，同 (1) ～ (3)；

(6) 配合裁判员处理比赛期间的其他意外事故（包括登记红黄牌判罚、运动员受伤恢复一分钟等）。

（五）比赛结束工作

(1) 宣布比赛结果（宣告员、记录员负责），双方运动员向观众致谢；

(2) 记录员整理、打印记录表，召集裁判员、双方队长签字，并将记录表分发给双方运动队；

(3) 填写成绩公告栏（裁判员负责）。

第四节　荷球比赛常见犯规与判罚汇总

荷球比赛常见犯规与判罚汇总见表 9-4-1。

表 9-4-1　荷球比赛常见犯规与判罚汇总

技术动作	防守犯规	判罚	进攻犯规	判罚
重发球	2.5米之内防守	自由球	4秒违例	重发球
			踩线	重发球
			2.5米之内接球	重发球
			直接投篮得分	重发球
罚球	提前进入/踩线	罚球	提前进入/踩线	重发球
	干扰	罚球	踩罚球线	重发球
	提前进入/踩线	罚球	两个4秒违例	重发球
自由球	二次违例	罚球	彼此2.5米/踩线	重发球
	交叉站位	提醒	未靠近罚球点	重发球
	推人、拉人、打手	罚球	球飞行不足1米	重发球
	过度阻碍对手	罚球	站在球柱两侧	重发球
	投篮后犯规	自由球	合理防守投篮	重发球
投篮	推人、打人、撞人	罚球	先走步、再投篮	重发球
	过度阻碍对手	罚球	合法防守	重发球
	球出手后犯规	自由球	球出手后犯规	重发球
	球出手前犯规	自由球		
	异性防守	罚球		
	二防一	自由球		
切入上篮	打掉球	罚球	挡拆后投篮	重发球
	阻碍对手(躯干)	罚球	推人、接球后投篮	重发球
			以危险方式比赛 先走步、再突破	重发球
传球	过度阻碍对手	自由球	推人传球	重发球
	打掉球	自由球	走步	重发球
	异性防守	罚球		
	二防一	罚球		
卡位	推人、抱人	自由球	推人、顶人	重发球
	跳起落地后撞人	自由球	跳起落地后撞人	重发球
	打掉球	重发球/自由球	打掉球	重发球
	摇晃球柱	罚球	阻碍对手 挡拆后投篮	重发球
助攻	推人、抱人	自由球	阻碍对手	重发球
	打掉球	自由球/罚球	挡拆后投篮	重发球
	阻碍对手	自由球/罚球		
无球移动	阻碍对手	自由球	阻碍对手	重发球

荷球竞赛规则

荷球竞赛规则注释

习题

1. 通过学习荷球竞赛规则阐述荷球运动的基本理念。
2. 列举荷球比赛主要场地器材的数据。

第十章　荷球比赛的组织与编排

学习提要与目标

组织与编排工作是荷球比赛顺利开展的前提保障。本章主要介绍荷球比赛的组织工作以及其他运动常采用的比赛制度与编排方法，通过对本章内容的学习，要求能够合理高效地组织荷球赛事活动并能按相关要求编排荷球赛事。

第一节　荷球比赛的组织工作

一、荷球比赛的意义

（一）比赛的社会性

(1) 促进荷球运动的发展。通过比赛可以吸引更多的人参加荷球运动，进一步普及、推广这项运动；通过比赛可以检查荷球教学的训练效果，提高荷球运动员的技战术水平；通过比赛可以锻炼参加者的品质风格，培养参加者男女平等、团体协作的精神。

(2) 丰富文化生活的内容。参与荷球比赛，能够在提高身体素质、锻炼意志品质的同时，通过相互间的交流增进友谊，丰富校园课余文化生活。

(3) 适应社会政治的需要。荷球在中国推广发展的时间虽然不长，但通过参加比赛，能够不断提高运动员的竞技水平。截至目前，中国荷球队在世界上的综合排名为第四名，这使其他国家对中国荷球队，甚至是对中国又有了新的认识。同时，荷球比赛有提高国家威望、振奋民族精神、创造安定社会环境的作用。

（二）比赛的经济性

(1) 推动荷球运动的产业化进程。

(2) 带动社会其他行业的发展。

二、荷球比赛的种类

（一）非职业性比赛

(1) 综合性运动会中的荷球比赛：世界运动会中的荷球比赛、全国性荷球比赛、省市等基层荷球比赛、高校大学生荷球联赛。

(2) 单一荷球项目比赛：世界荷球锦标赛、全国荷球锦标赛、全国大学生荷球锦标赛、全国青年荷球锦标赛。

(3) 交往性的比赛：公开赛、邀请赛、友谊赛、表演赛。

(4) 娱乐性的比赛：亚洲或全国的沙滩荷球赛。

（二）职业性比赛

(1) 国外的职业比赛：欧洲发展得比较好，例如荷兰的俱乐部职业联赛、比利时的职业比赛。

(2) 国内的职业比赛：目前国内还没有荷球的职业比赛。

三、荷球比赛过程的管理

荷球比赛过程的管理分为赛前、赛中和赛后的管理。

（一）比赛前的组织工作

(1) 建立比赛的组织机构。全国性或地区性的比赛，一般是国家体育总局委托有关体育部门或地区体育部门筹备，由承办单位成立赛区，对该次比赛进行负责。有的承办单位（一般是体育文化公司）负责赛事的宣传、推广、赞助等。在赛区的体育部门和有关政府部门的领导下，有关部门的负责人组织成立大会组织委员会并领导工作。

协会系统（如大体协）或基层单位举行的荷球比赛，一般是在协会系统组织或基层单位领导下，由负责体育工作的部门负责组织。

全国性荷球比赛的组织形式为仲裁委员会。

① 比赛处：比赛组、场地组、裁判组、评审团。

② 秘书处：总务组、宣传组、医务组、安保组。

(2) 确定组织方案。

① 确定比赛的名称、目的和任务；

② 组建比赛的组织结构；

③ 计算比赛的经费；

④ 制定比赛的工作步骤。

(3) 制定比赛规程。

比赛规程由主办单位（一般是国家体育总局、地方体育局、协会系统或基层单位）提前下发，其内容包括：

① 比赛名称；

② 比赛目的、任务；

③ 主办单位、承办单位、协办单位；

④ 参加单位、各单位参加人数；

⑤ 运动员参赛资格；

⑥ 运动队报名和报到日期；

⑦ 比赛办法；

⑧ 比赛规则；

⑨ 名次评定和奖励办法；

⑩ 抽签时间和地点；

⑪ 注意事项。

(4) 拟订工作计划

① 仲裁委员会的主要工作包括解决比赛中出现的重大问题，保证比赛规程、规则的正确执行，确保比赛顺利进行。

② 比赛处的工作：

A. 编印比赛秩序册；

B. 裁判工作和审查参赛者的资格；

C. 技术统计和绘制各种表格；

D. 安排各队赛前训练场地和时间；

E. 检查场地、器材和设备的准备情况。

③ 秘书处的工作：

A. 负责思想教育、宣传和报道工作；

B. 拟订比赛工作日程表；

C. 负责生活食宿、交通和票务工作；

D. 安排医务人员和医疗用品；

E. 负责安全防范工作，维持比赛秩序。

（二）比赛期间的组织工作

(1) 坚持进行思想教育工作；

(2) 总结裁判工作；

(3) 安排技术统计工作，及时登记总表；

(4) 经常检查场地、设备和器材；

(5) 遇到特殊情况，更改比赛场地、日期及时通知；
(6) 听取生活、交通等方面的建议，改进工作；
(7) 安排医疗工作，及时处理伤害事宜；
(8) 安排治安工作，保证比赛顺利进行；
(9) 定期召开领队会议。

（三）比赛后的组织工作

(1) 做好各部门的总结工作；
(2) 交流经验；
(3) 组织召开闭幕式，公布成绩和发奖；
(4) 安排各队离开赛区和有关交通事宜；
(5) 安排比赛结束工作。

四、荷球比赛方式

(1) 赛会式：参加比赛的球队集中在一个地方，用几天或十几天的时间，连续进行比赛的一种竞赛方式。

(2) 赛季式：一种比赛时间较长、参赛队伍不集中，分别在参赛队各自的赛地进行比赛，参赛队每赛完一场比赛后需移地并有若干休整天的一种主、客场比赛方式。

(3) 常见的荷球赛制有以下几种：

① 循环淘汰制：在比赛中以胜进败退来确定比赛名次的一种方法，即获胜队可以继续参加进一层次比赛，失败队失去继续参加进一层次比赛资格的方法。

② 混合制：先分组循环，再淘汰晋级的比赛方法。

第二节　循环赛制的编排

一、循环赛的种类与特点

（一）循环赛的种类

1. 循环赛的种类

循环赛又称循环法，指参赛队（人）之间相互轮流比赛，最后按照各参赛队（人）在全部比赛中的胜负场数、得分排定名次的比赛方法。

循环赛包括单循环、双循环和分组循环三种。

(1) 单循环：所有参赛队（人）相互轮赛一次；一般在参赛队（人）不太多，场地和时间比较充裕时采用。

(2) 双循环：所有参赛队 (人) 相互轮赛二次；一般在参赛队 (人) 不多，场地和时间比较充裕时采用。

(3) 分组 (多) 循环：参赛队 (人) 较多时，把强队 (人) 分散在各组，先进行小组循环，再根据小组名次组织第二阶段的比赛。一般在参赛队 (人) 多，场地和时间较紧时采用。

(二) 循环赛的优、缺点

1. 优点

(1) 参赛队 (人) 机会均等，实战和相互观摩学习的机会多。

(2) 能准确反映出参赛队 (人) 之间真正的技术水平的高低，客观地排定参赛队 (人) 的名次。

(3) 比赛结果的偶然性小。

2. 缺点

(1) 比赛总的期限长，占用场地和时间多。当参赛队 (人) 多时，采用单循环有一定的困难，应用范围具有一定的局限性。

(2) 如何合理安排比赛的顺序有一定的困难，应尽量避免在比赛时间、间隙、地点、场次和比赛条件等方面出现不均衡现象。

(3) 当比赛结果有两个或两个以上参赛队 (人) 的胜负场数相同、得失分相等时，如何根据不同项目的特点，科学地解决好最后的名次排定有一定的困难。

二、循环赛的轮数与场数计算

(一) 循环赛的轮数

每个参赛队 (人) 赛完一场比赛 (轮空队除外) 称为一轮结束。计算循环赛的轮数的目的在于合理计划整个比赛所需要的时间和期限，是比赛日程安排的主要依据。其计算方法如下：

(1) 单循环。

当 $N = 2n$ 时，$Y = N-1$，其中 Y = 轮次数，N = 参赛对数。

(2) 双循环和多循环为单循环的倍数。

当 $N = 2n-1$ 时，$Y = N$。

(二) 循环赛的场数

循环赛的场数是指参赛队 (人) 之间相互轮流比赛全部结束的总场数。计算循环赛的场数的目的在于合理安排人力、物力、比赛日程与场地。其计算方法如下：

(1) 单循环。

$$X = CN2 = \frac{N \times (N-1)}{2}$$

其中 X 为比赛场数，N 为参赛队数。

例如：如 8 个队参加单循环，其比赛总场数 $X = C82 = \frac{8 \times (8-1)}{2} = 28$。

(2) 双循环和多循环为单循环的倍数。

例如：8 个队参加双循环，其比赛总场数 $X = 2 \times C82 = \frac{2 \times 8 \times (8-1)}{2} = 56$。

例如：8 个队参加三循环，其比赛总场数 $X = 3 \times C82 = \frac{3 \times 8 \times (8-1)}{2} = 84$。

三、单循环赛顺序的编排方法与注意事项

(1) [1] 固定左上角逆时针旋转法 (轮转法 I)，如表 10-2-1 所示。

表 10-2-1 轮 转 法 I

第一轮	第二轮	第三轮	第四轮	第五轮	第六轮	第七轮
[1]-8	[1]-7	[1]-6	[1]-5	[1]-4	[1]-3	[1]-2
2-7	8-6	7-5	6-4	5-3	4-2	3-8
3-6	2-5	8-4	7-3	6-2	5-8	4-7
4-5	3-4	2-3	8-2	7-8	6-7	5-6
第一轮	第二轮	第三轮	第四轮	第五轮	第六轮	第七轮
[1]-0	[1]-7	[1]-6	[1]-5	[1]-4	[1]-3	[1]-2
2-7	0-6	7-5	6-4	5-3	4-2	3-0
3-6	2-5	0-4	7-3	6-2	5-0	4-7
4-5	3-4	2-3	0-2	7-0	6-7	5-6

[1] 固定左上角逆时针旋转法 (轮转法 I) 是对抗性比赛中，尤其是对抗性球类比赛中采用循环赛制时最常用的确定比赛秩序的编排方法。在羽毛球、乒乓球等项目竞赛规则中，这种编排方法及其比赛秩序被明文规定，成为规范。

该编排方法的特点如下：

① 各轮比赛的实力搭配相当均匀。

② 体现了对种子队员，尤其是 [1] 的照顾。

③ 将最有可能成为冠亚军之争的“1-2”安排在最后一轮，使整个比赛在结束阶段达到高潮。

该编排方法的缺点如下：当 N 为奇数时，号码“N−1”上的参赛者从第四轮起，始终是每轮比赛都与上一轮刚刚“轮空”的参赛者交锋。这种比赛秩序的不均等，对于对抗激烈、消耗大、容易出现伤害事故的比赛项目，是致命的缺陷。

(2) [1] 固定左上角顺时针旋转法 (轮转法 II)，如表 10-2-2 所示。

表 10-2-2 轮 转 法 II

第一轮	第二轮	第三轮	第四轮	第五轮	第六轮	第七轮
[1]-4	[1]-6	[1]-8	[1]-7	[1]-5	[1]-3	[1]-2
2-6	4-8	6-7	8-5	7-3	5-2	3-4
3-8	2-7	4-5	6-3	8-2	7-4	5-6
5-7	3-5	2-3	4-2	6-4	8-6	7-8

[I] 固定左上角顺时针旋转法 (轮转法 II)，首先排除最后一轮各场比赛秩序，然后将 [1] 固定，其他各参赛者按顺时针方向转动，逐轮倒推出前面场次的比赛秩序。轮转法 II 最大的优点是最后一轮安排了参赛者实力均衡的最激烈的比赛场次，在结束阶段将整个比赛推向高潮；其缺点是参赛者实力接近的比赛过分集中，造成各轮比赛参赛者的强弱搭配不均匀。一般在特殊需要的情况下使用。

(3) 偶数方参赛者 [1] 号位固定左上角，奇数方参赛者 [0] 号位固定左上角的逆时针旋转法 (轮转法III)，如表 10-2-3 所示。

表 10-2-3 轮 转 法III

第一轮	第二轮	第三轮	第四轮	第五轮	第六轮	第七轮
[1]-8	[1]-7	[1]-6	[1]-5	[1]-4	[1]-3	[1]-2
2-7	8-6	7-5	6-4	5-3	4-2	3-8
3-6	2-5	8-4	7-3	6-2	5-8	4-7
4-5	3-4	2-3	8-2	7-8	6-7	5-6
第一轮	第二轮	第三轮	第四轮	第五轮	第六轮	第七轮
[0]-7	[0]-6	[0]-5	[0]-4	[0]-3	[0]-2	[0]-1
1-6	7-5	6-4	5-3	4-2	3-1	2-7
2-5	1-4	7-3	6-2	5-1	4-7	3-6
3-4	2-3	1-2	7-1	6-7	5-6	4-5

摔跤、柔道、散手等重竞类项目多采用转换法III。在古典式、自由式摔跤竞赛规则中对此有明文规定：编排比赛顺序时，从左上角的 [1] 号位开始，依次将各号位按逆时针方

向转圈排列，从第二轮开始 [1] 号位固定不动。如是奇数，[1] 号位为 [0]。

从奇数方参赛者来看，转换法III完全克服了 [1] 号位固定的弊端。但也有缺陷，即在最后一轮比赛中，实力最强的 [1] 号位轮空，且比赛实力悬殊，比赛可看性不强。

(4) 最大号或 [0] 号位固定右上角逆时针旋转法 (轮转法IV)。

此编排方法在国际羽联主办的“汤姆斯杯”和“尤伯杯”采用。若有需要，按下列原则调整：

① 每轮的第一场比赛按 1-2、1-3、1-4、1-5、1-6、1-7、1-N 或 2-N 顺序进行调整。

② 每轮按小号排前，小号场次优先的原则进行调整，如表 10-2-4 所示。

表 10-2-4 调 整

第一轮	第二轮	第三轮	第四轮	第五轮	第六轮	第七轮
1-8	7-8	6-8	5-8	4-8	3-8	2-8
2-7	1-6	7-5	6-4	5-3	4-2	3-1
3-6	2-5	1-4	7-3	6-2	5-1	4-7
4-5	3-4	2-3	1-2	7-1	6-7	5-6
1-[0]	7-[0]	6-[0]	5-[0]	4-[0]	3-[0]	2-[0]
2-7	1-6	7-5	6-4	5-3	4-2	3-1
3-6	2-5	1-4	7-3	6-2	5-1	4-7
4-5	3-4	2-3	1-2	7-1	6-7	5-6

(5) 最大号摆动于左右上角的逆时针轮转法 (轮转法V，即贝格尔编排法)，如表 10-2-5 所示。

表 10-2-5 轮 转 法V

第一轮	第二轮	第三轮	第四轮	第五轮	第六轮	第七轮
1-[8]	[8]-5	2-[8]	[8]-6	3-[8]	[8]-7	4-[8]
2-7	6-4	3-1	7-5	4-2	1-6	5-3
3-6	7-3	4-7	1-4	5-1	2-5	6-2
4-5	1-2	5-6	2-3	6-7	3-4	7-1

在《国际象棋现行竞赛规则》《中国象棋竞赛规则》《中国围棋竞赛规则》的附录中，均列出了比赛的对局次序表。另外，在国际排球比赛中，普遍采用贝格尔法进行编排，其编排方法是首尾连接、末号摆动、邻近相对、号前执先。

采用贝格尔编排法，当参赛队 (人) 为双数时，将参赛队 (人) 数分一半。若参赛队 (人) 为单数时，最后以“0”表示形成双数，前一半的数由“1”开始，自上而下写在左边；后一半的数自下而上写在右边，然后用横线把相对的号数连接起来，即是第一轮第一场比赛的顺序。

第二轮比赛是将第一场右上角的编号(最大号或[0]号位)移至左边，第三轮再移至右边，对手是上一轮最右下角的队伍，以此类推。单数轮次时最大号或[0]号位在右边，双数轮次时最大号或[0]号位在左边。这就是每一轮第一场比赛的队伍的落位，其他参赛队(人)的落位则由A+1开始，蛇形排列，依次落位。

四、双循环赛秩序的编排方法

双循环赛是指每个参赛队(人)都必须轮流相互比赛两次，也就是单循环二次。双循环赛秩序的编排方法是按照单循环赛秩序重复排列两次。其编排方法可以重复，也可进行重新排列。

五、分组循环赛秩序的编排方法

分组循环赛是先将参赛队(人)分成若干小组举行预赛，后选出各小组相同名次的参赛队(人)进行决赛。预赛、决赛秩序均采用单循环赛秩序的编排方法进行，决出比赛全部名次。

(一)预赛阶段

按比赛规程将参赛队(人)分成N个小组，各小组参照单循环赛秩序的编排方法，排出小组比赛表，然后确定"种子"的位置。

1. 分组方法

(1) 抽签进行小组定位。

分组循环一般按"种子"的组数或组数的2倍确定"种子"。

① 若种子数 = 组数，则将种子分别排列在1号位置。

② 若种子数 = 2 × 组数，则采用蛇形法，将种子依次排列在1、2号位置：

1　4　5　8
2　3　6　7

(2) 种子确定的方法。

① 在领队会上协商确定种子队(人)。

② 抽签方法：种子队队(人)先抽签，确定各种子队队(人)的组别，直接安置在1、2号位上；然后其他队队(人)分别抽签确定组别和位置。

(二)决赛阶段

各队(人)在预赛阶段分组单循环赛中的名次，将决定其进入决赛阶段比赛的位置。在预赛阶段已经相遇过的队(人)，比赛成绩依然有效，决赛阶段不再进行比赛。常见的决赛方式有：

(1) 同名次赛：将各小组预赛中相同名次编排在一起进行比赛，如预赛四小组的第一名编排在一起进行单循环，决出第一～四名；如预赛四小组的第二名编排在一起进行单循环，决出第五～八名；以此类推。这种赛制的目的是积极鼓励各参赛队（人）在小组比赛中取得优异成绩，因此竞争相当激烈。

(2) 分段赛：将各小组的名次分为几段，同一段名次的队编排在一起决出总名次，如预赛两小组的前两名编排在一起进行单循环，决出第一～四名；预赛二小组的第三、四名编排在一起进行单循环，决出第五～八名；以此类推。各队可以根据比赛的实际情况，制定适合自己的战术安排，赛后阶段比较激烈。

(3)交叉赛(见图10-2-1)：各组的前两名交叉比赛，两场胜者进行决赛争夺第一、二名，两场负者争夺第三、四名，各组第三、四名用同样比赛争夺第五～八名，以此类推。

图 10-2-1　交叉赛编排方式

（三）录取名次赛

根据比赛规程规定的录取名次，在各小组中取数量相等的队（人）进入决赛（参加第二阶段决赛队（人）的数量应等于或略高于录取名次的队（人）数。如比赛规程规定取前八名，预赛分成二组，每组前四名进入决赛，8 队（人）再进行循环赛，决出比赛名次。

六、循环赛日程编排的注意事项

循环赛要求每个队（人）和其他参赛队（人）之间都要进行比赛。从比赛公平角度来看，必须保证比赛的条件和机会均等。在组织比赛时必须注意参赛队伍的多少，场地的多少，比赛的单场时间和总时间，裁判员的多少等诸多因素。

第三节　淘汰赛制的编排

一、淘汰赛的种类与特点

淘汰赛又称淘汰法，是指通过比赛逐步淘汰成绩差的参赛队（人），最后评出优胜的参赛队(人)。淘汰赛进行的方法是将全部参赛队(人),按编定的顺序进行比赛,胜者进入下一轮比赛,负者被淘汰,直至淘汰剩最后一位参赛队(人),即为冠军。这种比赛方法,通常在单项比赛中采用较多。

淘汰赛分为单淘汰、双淘汰、交叉淘汰三种。

淘汰赛的特点如下:

(1) 比赛容量大。

(2) 比赛对抗激烈。

淘汰赛的缺陷如下:

(1) 除第一名外,很难合理排定其他名次。

(2) 容易造成强者过早相遇。

(3) 参赛队(人)之间的学习、交流机会少。

被淘汰的弥补方法如下:

(1) 运用种子、分区、抽签和定位等方法,使强者或同一单位参赛队(人)之间,避免过早相遇。

(2) 采用补赛法(又称附加赛),以帮助确定名次。

(3) 增设双淘汰赛,失败二次就淘汰,增加参赛队(人)之间学习、交流的机会。

二、淘汰赛号码位置的选择

在淘汰赛中,安排参赛队(人)位置的号码称为号码位置。一般选择 2 的乘方数 (2^n) 作为号码位置数;单数参赛队(人)往往不等于 2 的乘方数,一般选取接近的 2 的乘方数 (2^{n-1}) 作为号码位置数。

三、轮空与抢号

当选择号码位置数多于参赛队(人)时,出现轮空,没有安排参赛队(人)的位置号码为轮空号码;则轮空数 = 号码位置 − 参赛队(人) = $N-2^n$。

当选择号码位置数少于参赛队(人)时,出现抢号,没有安排参赛队(人)的位置号码为抢号号码;则抢号数 = 抢号位置 − 参赛队(人) = 2^n-N。

1. 简述荷球比赛的组织过程。
2. 荷球比赛组委会都由哪些部门组成,请举例。
3. 荷球比赛有哪些赛制可以选用?每种赛制的优缺点是什么?

参考文献

[1] 张聚民，宋旭峰 . 合球 [M]. 河北：河北科学技术出版社，2007.

[2] 孙民治，等 . 篮球运动高级教程 [M]. 北京：人民体育出版社，2000.

[3] 过家兴，延烽 . 青少年业余训练 [M]. 北京：北京体育大学出版社，1986.

[4] 马襄城 . 荷球 [M]. 河南：郑州大学出版社，2023.

[5] 刘福林 . 体育游戏 [M]. 北京：北京体育大学出版社，2010.

[6] 王宏伟 . 男女携手　同场竞技：合球运动简介 [J]. 体育博览，1992(1)：28.

[7] 黄文卉 . 合球来到中国 [J]. 体育博览，2004(5)：57.

[8] 杨建华 . 高校开展合球运动的可行性研究 [J]. 郑州牧业工程高等专科学校学报 . 2005(3)：233-234.

[9] 李玮，崔艳荣 . 河北省高校推广合球运动的可行性 [J]. 唐山学院学报，2007(2).

[10] 孟少华 . 高校推广合球运动的可行性初探，第十八届全国高校田径科研论文报告会 [A]. 2008：474-476.

[11] 苏兴田，刘大军 . 合球运动在我国高校开展及发展对策研究 [J]. 河西学院学报，2008(5)：83-84.

[12] 陈浩群 . 论合球比赛中影响罚球成功率的因素 [J]. 广东技术师范学院学报，2009(1)：26-28.

[13] 王璟 . 高校推广荷球运动的意义与前景 [J]. 科技信息，2010：671.

[14] 马文彪 . 将“荷式篮球”引入高校篮球课的探究性研究 [J]. 搏击：武术科学，2011(10)：116-117.

[15] 葛文青，徐燕凌，杜宴如 . 亚大荷球锦标赛郑州大学队卡位者能力分析 [J]. 郑州师范教育，2014(2)：91-93.

[16] 张立科 . 荷球运动赏析 [J]. 体育风尚，2020(5)：204.

[17] 李陆军 . 荷球运动与中国传统体育文化的融合发展研究 [J]. 文化学刊，2021(7)：76-78.

[18] 黄华娜 . 论荷球运动和荷球基本技术训练的重要性 [J]. 考试周刊，2011(87)：131-132.